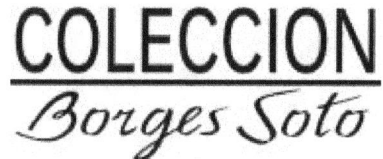

Dibujo para Principiantes

Desarrollo Capacidad Creadora

Proyecto de Arte
Roland Borges Soto M Ed.

Está prohibido reproducir el contenido de este libro en parte o en su totalidad para uso comercial sin el debido consentimiento por escrito del autor o la casa editora.

Todos los Derechos Reservados.

ISBN-13: 978-1987738469

ISBN-10: 1987738462

Publicación Centro de Arte © 1982-2017 Derechos Reservados

Estimado entusiasta del arte:

Bienvenido a una nueva experiencia en la Colección Borges Soto. Todos nuestros libros de arte están cuidadosamente diseñados para ofrecer largas horas de sano entretenimiento y satisfacer la experiencia del aprendizaje.

Colección Borges Soto sabe que los artistas están en continuo desarrollo e interesados por aprender y mejorar sus habilidades y talentos. Cada publicación expandirá tus horizontes en el dibujo y la pintura y fortalecerá tus destrezas como artista.

Nuestro propósito principal con esta Colección es proveer libros instruccionales para que puedas por ti mismo crecer artísticamente si es que no tienes la oportunidad de tomar clases de arte privadas o visitar algún taller de arte en tu comunidad.

Mis mejores deseos y éxito,

Roland Borges Soto E Md.
Artista y Profesor

Nota: Incluye módulos de práctica, anotaciones para ampliar los conceptos bajo estudio, recursos gráficos y modelos para tus prácticas.

Ilustradores: Roland Borges Soto y Mónica N. Borges González

¿Quieres aprender a dibujar?

Dibujar puede parecerte difícil y en ocasiones frustrante, pero no es algo a lo que hay que temerle. Te diré que, es un asunto de compromiso y de práctica. Este libro te mostrará una visión general de unas técnicas que te ayudarán a dibujar de forma mucho más fácil. Busca tus lápices y compartiré contigo lo que he estudiado y aprendido durante mi carrera profesional del fascinante mundo del dibujo y la pintura. Pasa y repasa las páginas de este libro y encontrarás artículos, consejos, trucos y ejercicios prácticos para aprender a dibujar o mejorar lo que ya sabes.

¿Y sabes qué es lo mejor? Que puedes retroceder en el libro y repasar las páginas donde tengas dudas hasta dominar cada paso o lección.

Cada proyecto ofrece un método progresivo, aumentando los niveles de complejidad para que trabajes a tu propio ritmo. Los ejemplos te ayudarán a desarrollar fácilmente tus destrezas de dibujo. Ahora depende sólo de tu entusiasmo. Ser un dibujante con talento es algo que no debe preocuparle en este momento. Sólo debe tener en tu mente una sola cosa, lograr dominar el lápiz. La base fundamental del dibujo es la observación. Es como si fueras a aprender cualquier otra cosa. Primero aprenderás como se hace y luego lo haces.

Introducción

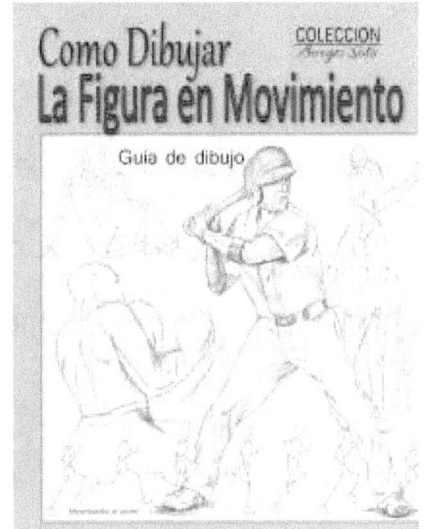 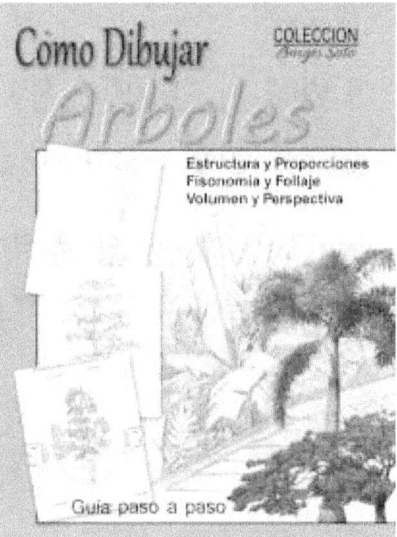 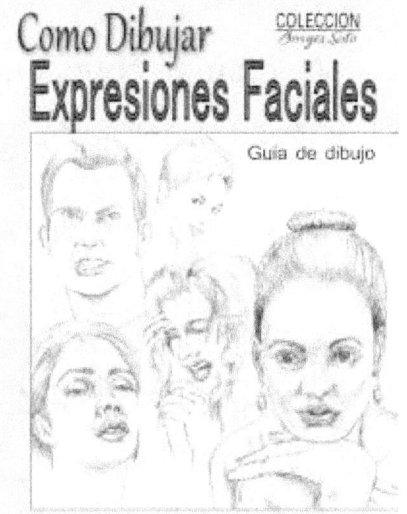

Se considera al dibujo como el lenguaje gráfico universal y es utilizado para transmitir en un sentido más detallado, las ideas, las costumbres y la cultura.

Bosqueja a menudo para que el dibujo se vuelva algo instintivo. En el dibujo participan tanto tu cerebro como tu mano; es una actividad que requiere tomar decisiones y pensar en lo que hacemos. Debes dibujar lo que tu ojo ve y no lo que tu cerebro entiende que ve. La combinación de una visión objetiva con un análisis objetivo resultará en un mejor dibujo. Si observas que una línea o forma se ve más pequeña que otra y sabes que son del mismo tamaño y forma, dibújala como la vez, no como entiendes que es realmente. Un niño dibuja una mesa, desde su punto de vista solo ve tres de las patas pero en su dibujo aparecen las cuatro. Si aprendemos a ver de forma objetiva dibujaremos mucho mejor.

Destrezas

Al dibujar conocemos mejor el entorno que nos rodea, pues la base fundamental del dibujo es la observación. Debemos dibujar con seguridad, es preferible equivocarse y borrar que dejar una línea imprecisa y borrosa. El proceso progresivo utilizado en este libro permite el desarrollo de infinidad de destrezas tales como:

- Percepción visual
- Identificación de formas
- Simplificación
- Asociación
- Concentración
- Análisis del modelo
- Desarrollo motor fino
- Manejo de herramientas y equipo
- Apreciación
- Vocabulario
- Seguir instrucciones
- Comparación y discriminación
- Empatía
- Pensamiento crítico
- Creatividad

Materiales que puede necesitar

Estos y otros materiales para dibujo puedes conseguirlos en tu suplidor de equipo de arte más cercano, donde de seguro te explicarán con mucho gusto cómo utilizarlos. No es necesario el uso de materiales especializados, puedes sustituirlos por los que tenga en tu casa. Puedes usar un lápiz escolar número 2 que equivale a un lápiz de dibujo HB, papel suelto sin líneas, cualquier goma de borrar, una regla, sacapuntas o cuchilla, papel de lija fina como afilador, servilleta o un pincel de pelos duros como difuminador y laca de pelo en aerosol como el fijador de dibujo.

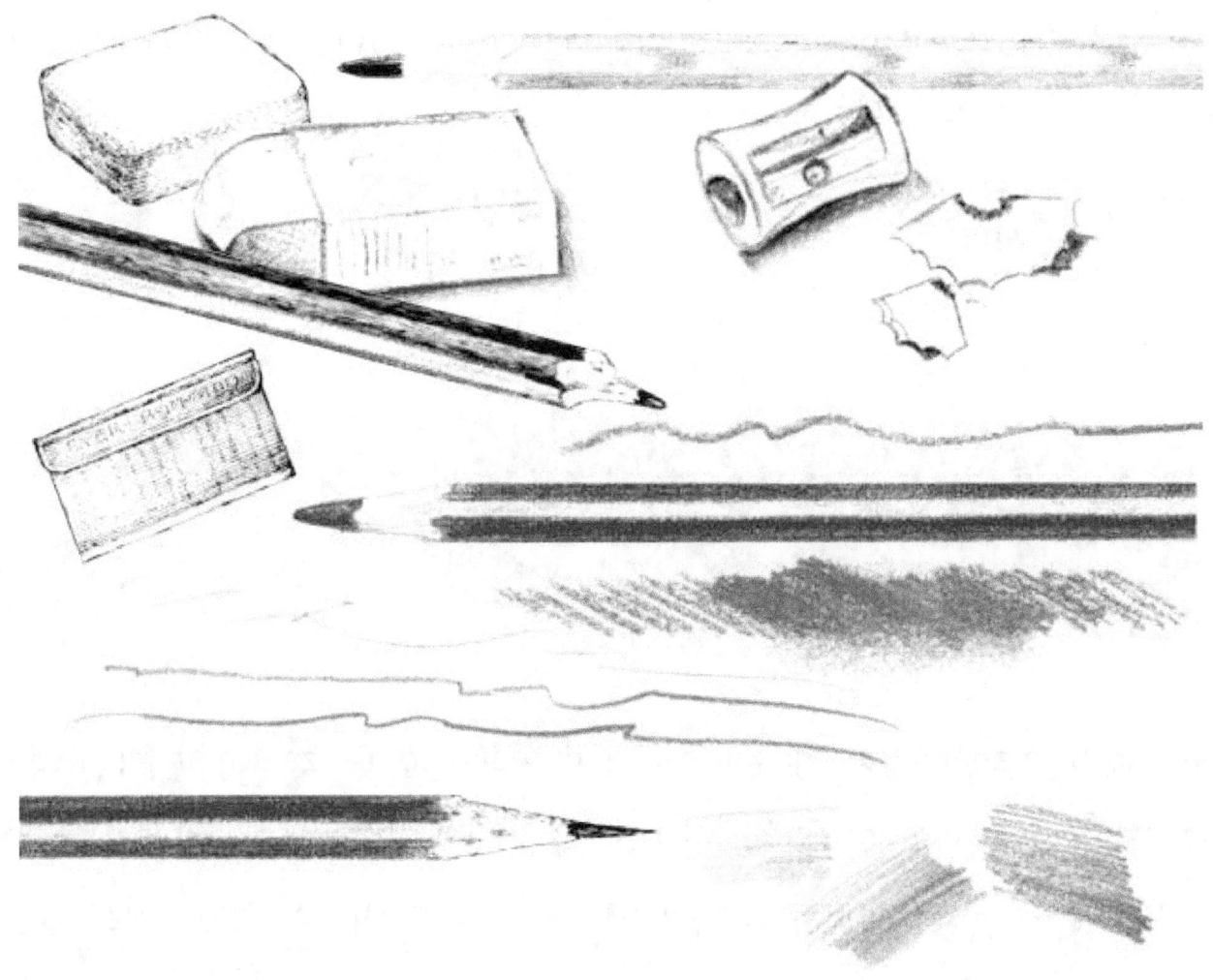

Desarrollo de la Capacidad Creadora

Quieres dibujar y no tienes idea de cómo comenzar. Cuando eras un niño dibujabas muchas ideas y cosas que veías a tu alrededor. Cuando vamos creciendo vamos perdiendo interés por dibujar o no nos complace lo que dibujamos, pero nunca es tarde para retomar el lápiz. Nuestra capacidad creadora sigue con nosotros igual que cuando éramos niños.

Tan pronto como un pequeño desarrolla la capacidad de sujetar un lápiz o crayón comienza a marcar trazos *(grafismos)* sobre una superficie. Durante estos inicios no sabemos a ciencia cierta si solo son un reflejo psicomotriz o realmente intenta comunicar una emoción o idea. Durante este desarrollo de capacidades creadoras sus ejecutorias se han clasificado en diferentes etapas de evolución.

Garabatos (2 a 4 años)

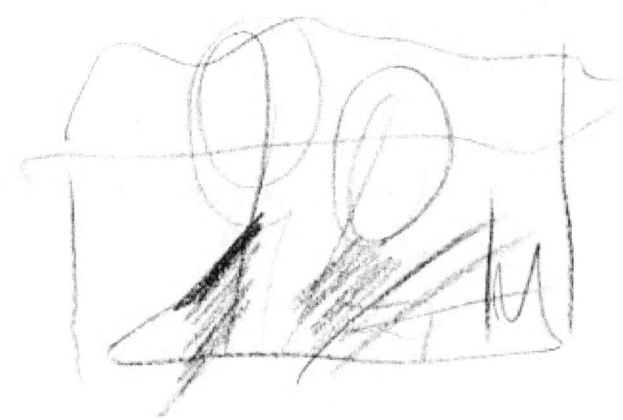

Aproximadamente a los dos años de edad comienza a manifestarse la capacidad de expresión gráfica en los infantes. Esta es la etapa de los garabatos o de las líneas y rayados que serán sus primeros signos de comunicación visual.

Pre Esquemática (4 a 7 años)

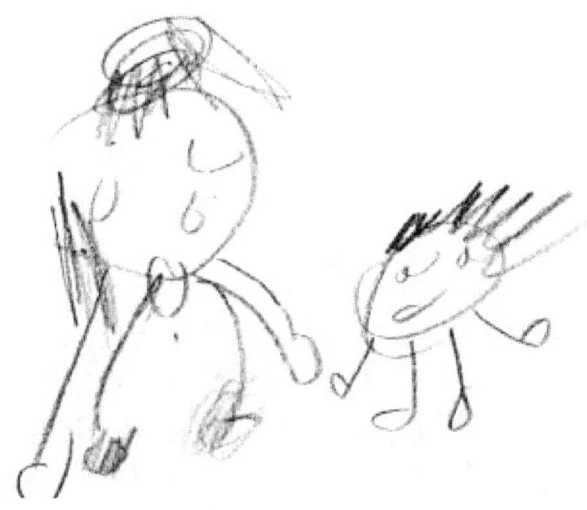

Ya para los 3 años, los niños comienzan a representar formas que sugieren la figura humana. Dibujan generalmente un círculo que representa la cabeza con algunos detalles y los brazos y piernas son dibujados con líneas curvas que salen de este.

Esquemática (7 a 9 años)

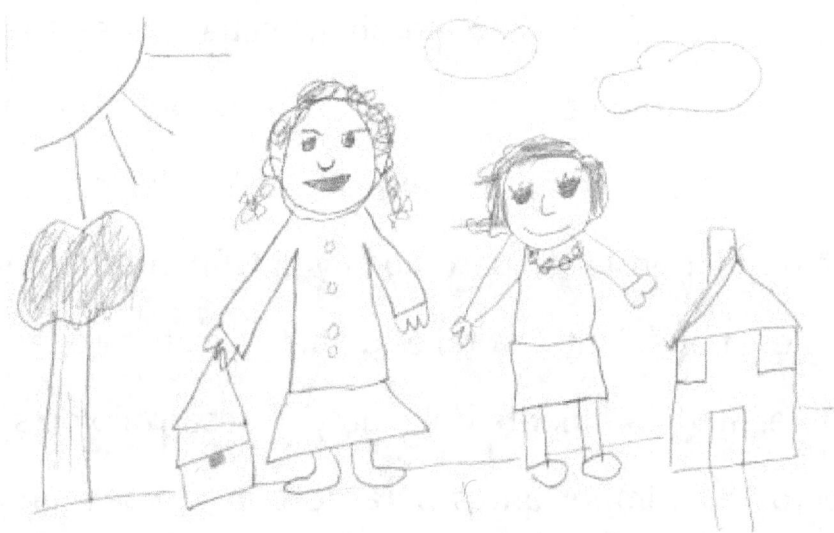

A los 6 años su capacidad perceptiva está más desarrollada y se va interesando más por su entorno, el hombre y su ambiente. Su representación es más esquemática y comienza a dibujar los objetos cotidianos y a añadir nuevos elementos a su expresión gráfica

Comienzo del Realismo (9 a 12 años)

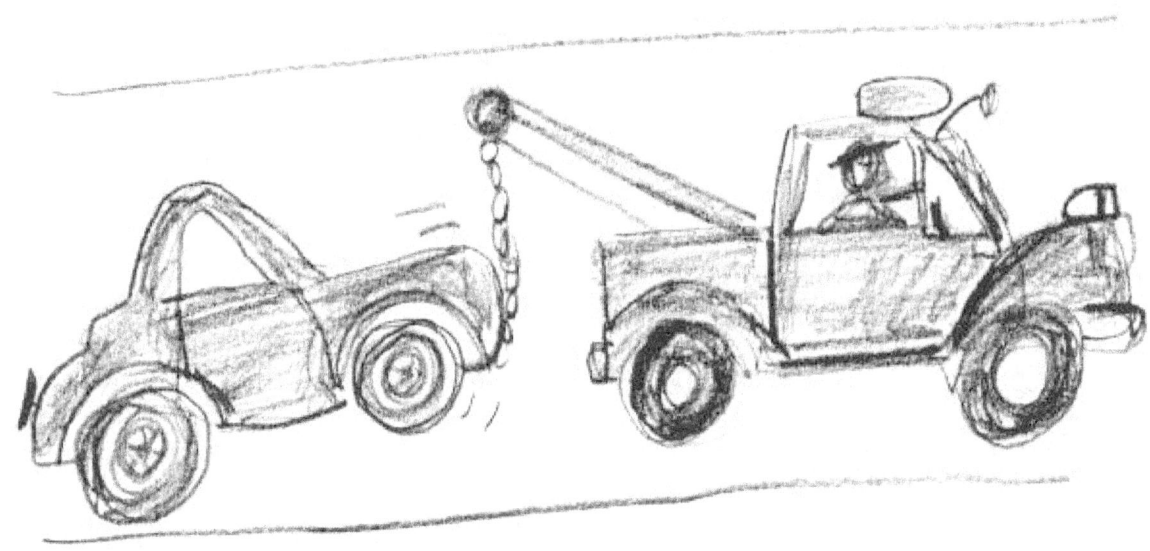

Para el niño el esquema ya no es adecuado para representar las figuras y se encamina hacia otra forma de expresión más estrecha con la realdad de los objetos y la naturaleza, pero aún está muy lejos de la representación visual detallada. Ya a los 9 años aumentan las capacidades analíticas y en el dibujo se destaca el nivel de percepción y expresividad. Durante esta etapa realista los dibujos intentan representar las formas y los objetos tal como se ven en el espacio tridimensional, pero no hay ningún intento de mostrar luz y sombra, efectos de movimiento, detalles de arrugas en la ropa o de volumen. La observación del medioambiente del niño y el desarrollo de su imaginación serán los aspectos más importantes para describir visualmente sus ideas y pensamientos. Sus preocupaciones individuales son la base de su expresión artística. Las niñas se interesan más por dibujos de animales y figuras femeninas mientras los varones se identifican más con automóviles, deportes y caricaturas.

Edad del Razonamiento (12 a 14 años)

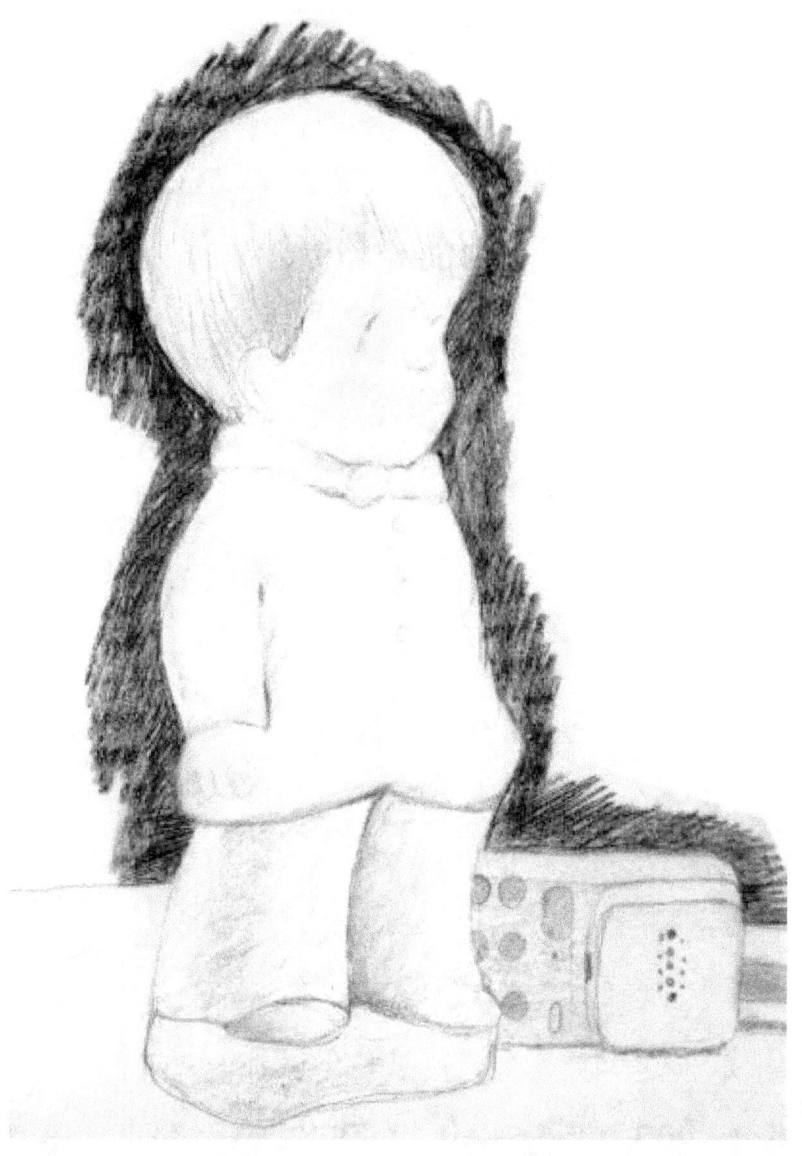

Esta etapa del desarrollo señala el comienzo de un periodo de razonamiento más crítico dejando atrás el dibujo como una actividad espontanea. Deja atrás el dibujo inconsciente y comienza una relación consciente de lo que se ve en el objeto que se dibuja. El dibujo se orienta hacia un contenido más real y natural del objeto, pretendiendo hacer una representación de un modo más adulta. El niño se hace más crítico de su propio trabajo buscando alcanzar las pautas establecidas por los adultos.

Periodo de la Decisión (14 a 17 años)

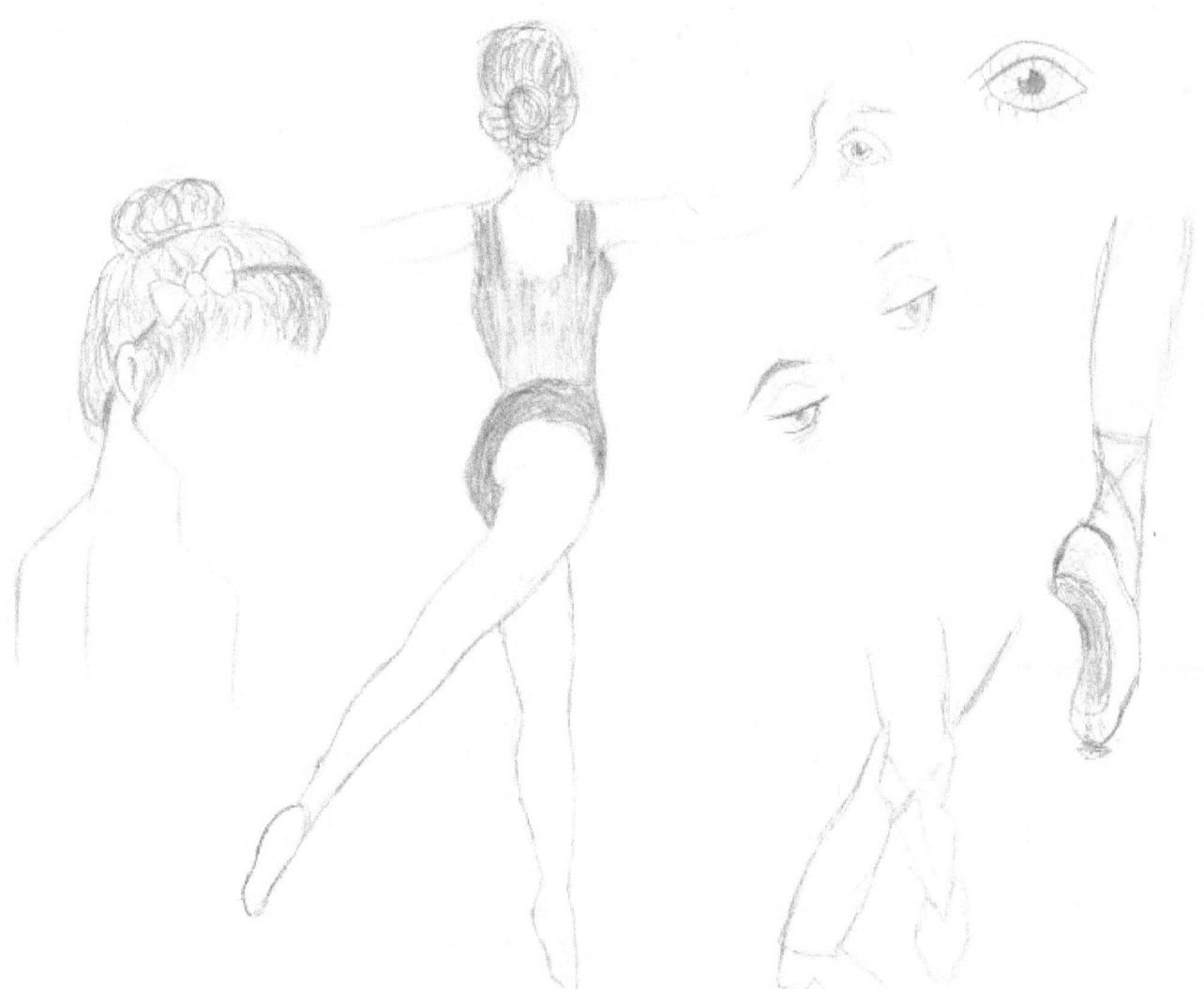

Ya para estas edades el dibujo se convierte en algo que puede hacer o dejar de hacer. En este periodo el dibujo se convierte en algo importante y comienza un aprendizaje voluntario y un deseo de mejorar técnicamente. El dibujo posee en esta etapa una atmósfera distinta, está dirigido hacia el aprendizaje de técnicas. Cualquier actividad creadora debe ser una representación de su creador y de sus habilidades técnicas, produciendo como resultado un profundo significado tanto para el creador como para la sociedad.

Conciencia Estética

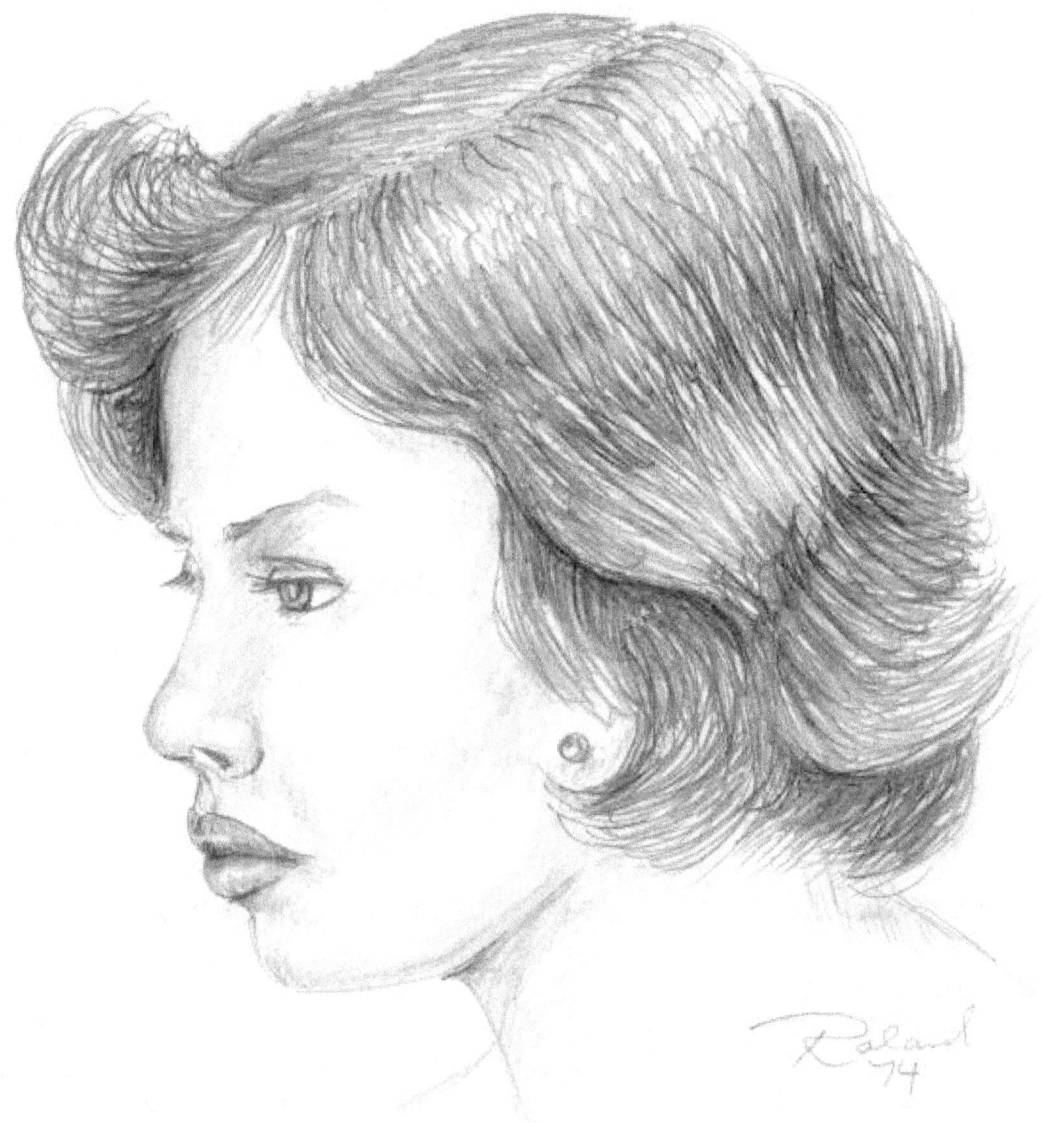

El desarrollo de una conciencia estética es parte fundamental de la creatividad. La organización de nuestras aptitudes intelectuales, nuestra habilidad perceptiva y nuestra capacidad emocional se juntan para formar nuestro sentido estético. Aunque la estética no puede ser medida, esta nos sirve para comprender y apreciar las cosas que nos rodean y como las dibujamos según nuestra intuición como individuos. El dibujo expresará entonces la relación del individuo consigo mismo y con el ambiente.

¿Qué puedes dibujar?

Si hace tiempo que no dibujas, dibujas un poco o quiere mejorar tus habilidades te invito a dibujar libremente lo siguiente lo mejor que puedas:

1- En un papel 8.5"x11" (*aproximadamente*) sin líneas y con el primer lápiz que tengas a mano, dibújate tú mismo de memoria, para ver qué cosas recuerdas de tu fisonomía. POR FAVOR NO USE EL ESPEJO, NI TU MOVIL.

2- Ahora en otra hoja de papel dibuja una figura humana que demuestre alguna acción, tales como caminar, leer, dormir, brincar, etcétera.

3- Dibuja ahora tu mano utilizándola de modelo. No te desanimes, sólo estamos practicando.

4- Dibuja una silla o una mesa, utilizando de modelo una de formas simples que tengas en tu casa.

5- Busca una botella de vino y una copa (*vaso*) y coloca la copa a la derecha y algo al frente de la botella de manera que no vea el espacio de fondo entre ambos, y has tu dibujo.

Nota: En la parte de atrás de cada dibujo anota las dificultades que crees haber tenido al realizarlos. Busca un sobre, escribe la fecha en que realizaste los dibujos y guárdalos cerrando el sobre. Este será tu portafolio que retomaremos al final de este libro.

¿Qué vas a aprender de este libro?

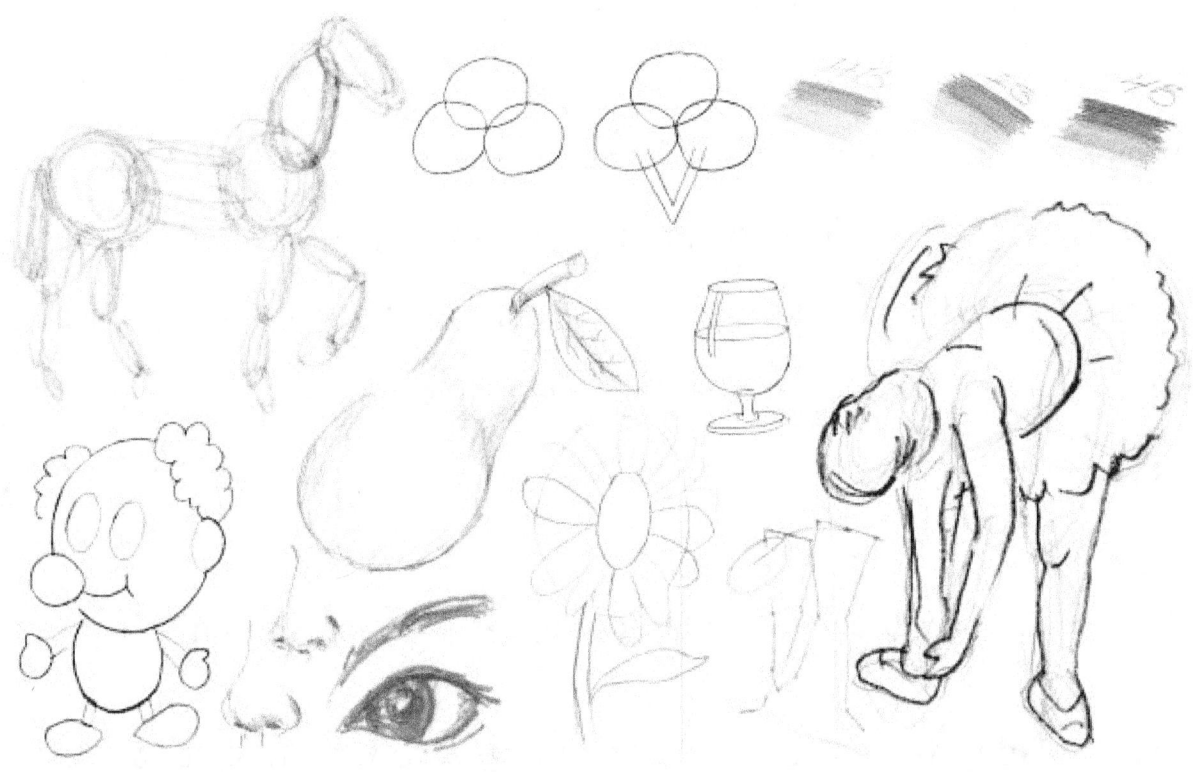

Compraste este libro pensando en que te enseñaría aprender a dibujar. Pues yo, ni ningún libro te tomará de la mano y te enseñará a dibujar. Posiblemente, en estos momentos que está leyendo estas líneas, seas una de esas personas que quiere hacer un dibujo y cuando se enfrenta ante un papel en blanco se pregunta: ¿Por dónde comienzo si yo no sé dibujar?, ¿Estás seguro que no sabes dibujar?, todo lo contrario, todos tenemos la habilidad del dibujo, podemos representar sobre un papel una idea de forma simple o lo que percibimos con la vista. El problema está en que no sabemos cómo representar en dos dimensiones (*alto y ancho del papel*) lo que tiene tres dimensiones espaciales (*alto, ancho y profundidad*).

Cuando estamos frente de un objeto, modelo humano, animal, o planta, lo percibimos con todo su volumen en sus tres dimensiones, pero al intentar trasladarlo a la hoja de papel, nos confundimos y no sabemos por dónde comenzar. En este libro pretendemos ayudarte no solo a copiar los ejemplos sino a ver la información que nos brinda el modelo para que pueda ser dibujado. Establecido esto entonces; cualquier persona tiene el potencial necesario para dibujar, **lo que no sabe es mirar y ver**. ¡Miramos pero no vemos! Es por eso que se nos hace algo difícil reproducir lo que vemos. Según Betty Edwards (1979) debemos a*prender a dibujar con el lado derecho del cerebro*.

¿Por qué no puedo representar lo que veo?

La respuesta está en nuestro cerebro, normalmente estamos acostumbrados a utilizar el lado izquierdo de nuestro cerebro, fomentando el razonamiento, la lógica, lo verbal, la temporalidad y no estimulamos tanto nuestro hemisferio derecho que es el de la creatividad y de la intuición. Siendo así cuando queremos dibujar un objeto, digamos una botella de refrescos, es el lado izquierdo el que interviene primero y nos dice que ya sabe cómo es una botella de refrescos, no le hace falta ni mirar: "una botella tiene una forma cilíndrica con un cuello más fino por donde tomamos...etcétera, etcétera", con las características que conocemos de la marca del refresco que más nos gusta. Es entonces cuando nuestro intelecto cancela nuestra percepción objetiva de la realidad minimizando las funciones del lado derecho. Ocurre un desbalance y el hemisferio izquierdo no deja intervenir al lado derecho, lo cancela porque hemos sido educados a ver de izquierda a derecha, leer de izquierda a derecha y de arriba hacia abajo, a concentrarnos en los detalles y no en el todo. Si nuestro lado derecho tomara más acción al mirar un objeto, no tendríamos problema en percibir la perspectiva, la proporción, los planos espaciales, etc. Es en este momento que comenzaremos a educar nuestro hemisferio derecho para lograr un balance adecuado y mejorar nuestra forma de dibujar, ¿cómo? En este libro te mostraré diversas técnicas y ejemplos que contribuirán al desarrollo de como percibir la realidad; si logra mirar y ver y adiestramos a que la mano haga lo que el ojo ve, estaremos dibujando. Estos primeros ejercicios son simples pero muy necesarios para el aprendizaje, si lo crees necesario practícalos más de una vez. De tu interés depende el resultado final.

Aprenderás conceptos básicos del dibujo artístico tales como: línea y forma de los objetos, el espacio y la profundidad en la perspectiva, el volumen y sombreado de los objetos entre otras técnicas para el dibujo a lápiz.

Aprenderás a crear un dibujo reproduciendo cada uno de los esquemas mostrados en las páginas que presentan ejemplos en secuencia paso a paso.

Podrás escoger entre numerosos dibujos para hacer tus prácticas utilizándolos como modelos.

Técnica del dibujo a lápiz

¿Cómo vamos a sujetar el lápiz?

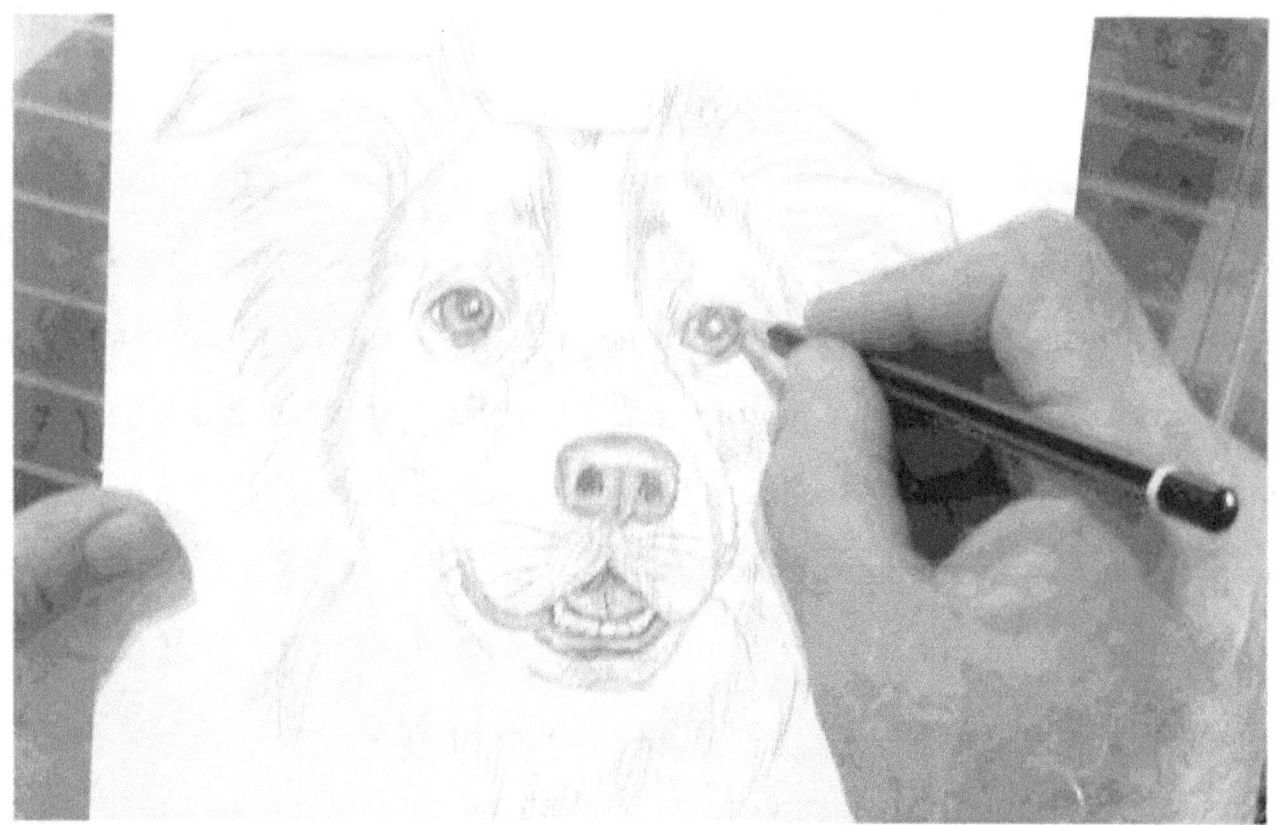

Sujetaremos el lápiz igual que lo usamos para escribir, pero un poco más arriba para poder ver cómo se va trazando la línea al dibujar.

El lápiz nunca debe apretarse de modo que marque, raye y o pueda rasgar por donde pasa en el papel. No es necesario apretarlo tanto que vaya a romper o crear un surco en el dibujo. Si desea una línea de un negro intenso y no lo consigues debes utilizar otro lápiz de mina más blanda 4B o 6B, que te dará el resultado que deseas sin necesidad de presionar y dañar el papel. El lápiz debe apretarse más o menos entre los dedos, según el tipo de trazo que desees.

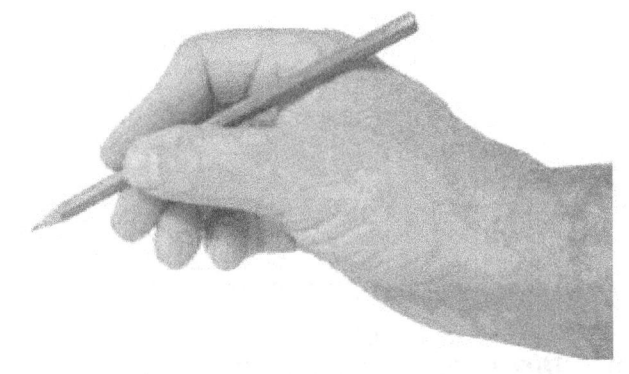 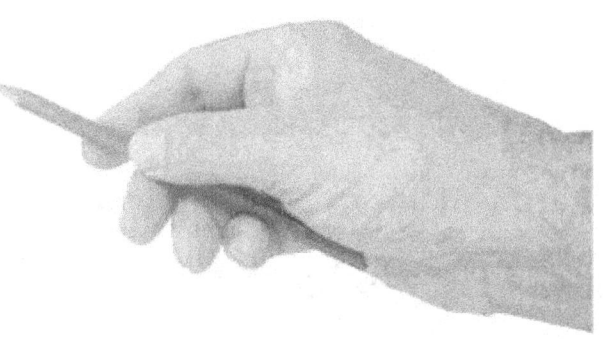

Posición de escritura   Posición bajo la mano

1.) Si deseamos cubrir un espacio extenso del mismo tono con trazos largos y rápido, no debemos presionar muy fuerte el lápiz. Debe sujetarlo entre los dedos índice, corazón y pulgar y mover la mano la mano con suavidad (*casi flotando*) sobre el papel, apenas rozándolo y haciendo la presión sobre el lápiz.

2.) Cuando hacemos un trazo corto de mayor cuidado y que tenga que seguir un rumbo determinado o al dibujar algo pequeño, entonces apretarás más el lápiz entre los dedos (*como al escribir*) y apoyarás la mano contra el papel sobre el dedos meñique. En este caso el lápiz se cogerá un poco más abajo que como hemos indicado anteriormente para lograr mayor precisión.

3.) Cuando deseemos sombrear con tonalidades más claras y que se fundan en transición con otras tonalidades tomaremos el lápiz bajo la mano y realizaremos los trazos con la mano alzada sin tocar el papel y con el movimiento desde el codo. Así se ejercerá menos presión en el lápiz y será más sutil el sombreado.

Sentir la línea

Comenzaremos por desarrollar nuestra habilidad para mover nuestro brazo y mano haciendo un poco de gimnasia con el lápiz y papel. Al igual que cuando chicos trabajábamos trazos (*pre escritura*) antes de aprender a dibujar las letras, haremos prácticas similares para soltar la mano (*motor fino*) antes de dibujar alguna forma concreta.

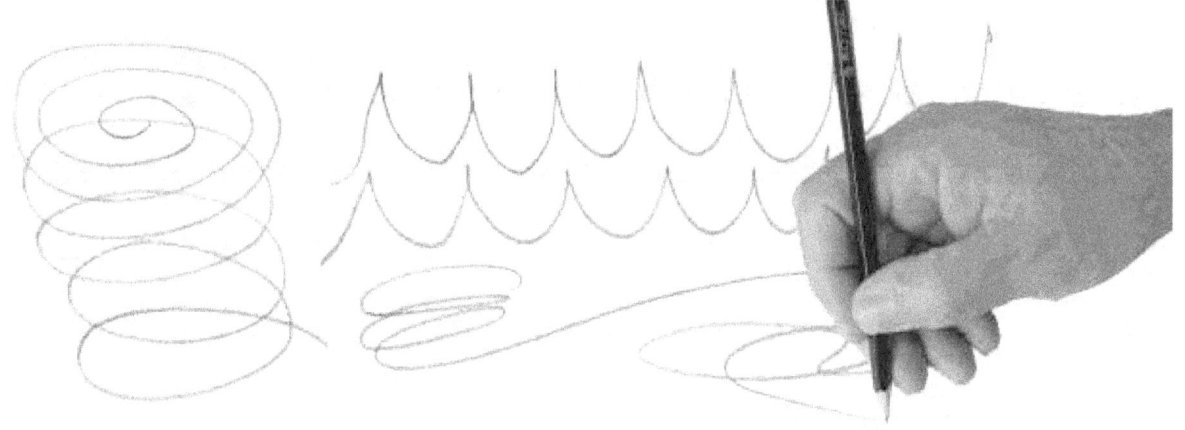

Te recomiendo que hagas estos ejercicio repetidas veces. Al hacer este ejercicio descubrirás que hay ciertos ángulos que te serán difíciles de dibujar a mano alzada. Eso es normal, solo identifica cuales son para que puedas trabajar sobre ellos más tarde. Cuando empecemos a dibujar y te enfrentes a esa dificultad trata de mover el papel o cambiar de posición a una más cómoda para dibujar.

Copia los ejercicios a continuación sin levantar el lápiz después que inicies el trazo y no cambiar de posición el papel. Ponte cómodo, ubica frente a ti el papel, preferiblemente en una tabla de dibujo (*clipboard*) o fíjalo con cinta adhesiva y empieza cada ejercicio lentamente.

Empezaremos con líneas rectas a mano alzada (*sin apoyar la mano al papel*). Recuerda no despegar el lápiz cuando comiences el trazo ni mover el papel.

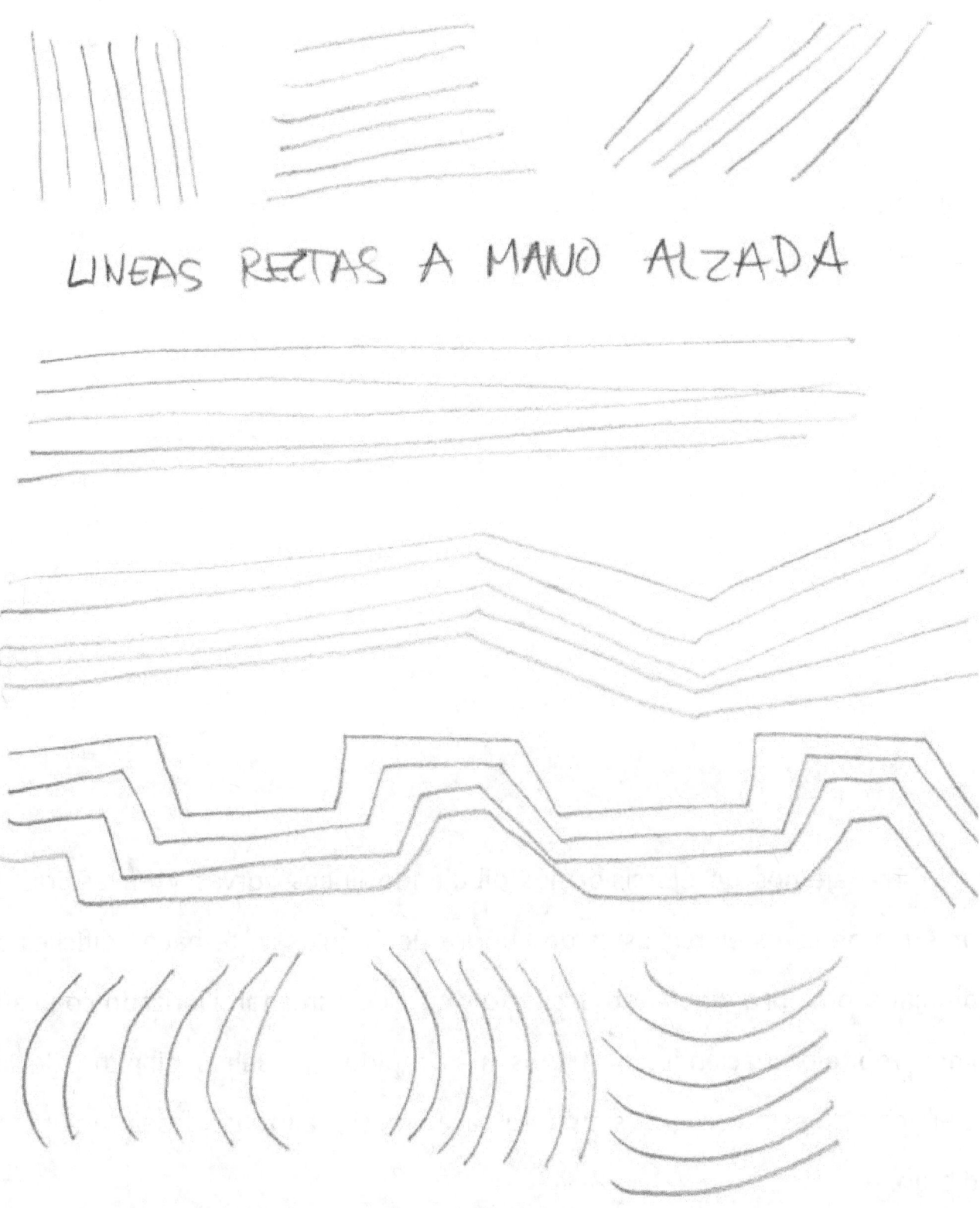

Probemos ahora con líneas ondulada. Copia los ejemplos con mucha paciencia, parece sencillo, verás cómo iras mejorando poco a poco. ¡Animo!

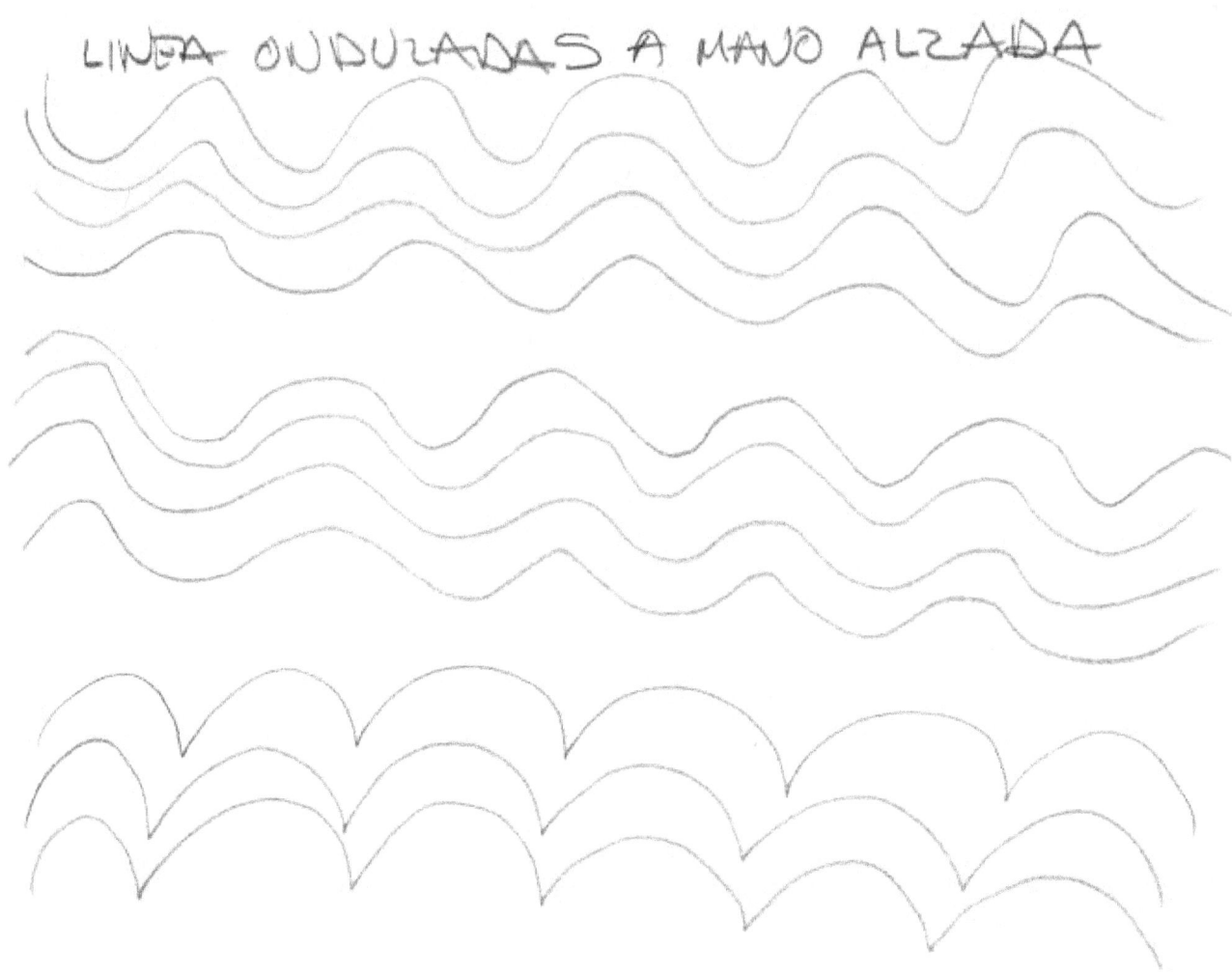

Trabajemos un ejercicio más dibujando líneas curvas y en espiral. El objetivo de estos ejercicios es descubrir que ángulos se te hacen difíciles de dibujar. Comienza dibujando despacio y cuando estés familiarizado con cada línea repítelos haciendo los trazos más rápido. No saltes ninguno de los ejercicios en este libro por simple te parezcan si realmente desea mejorar tu dibujo.

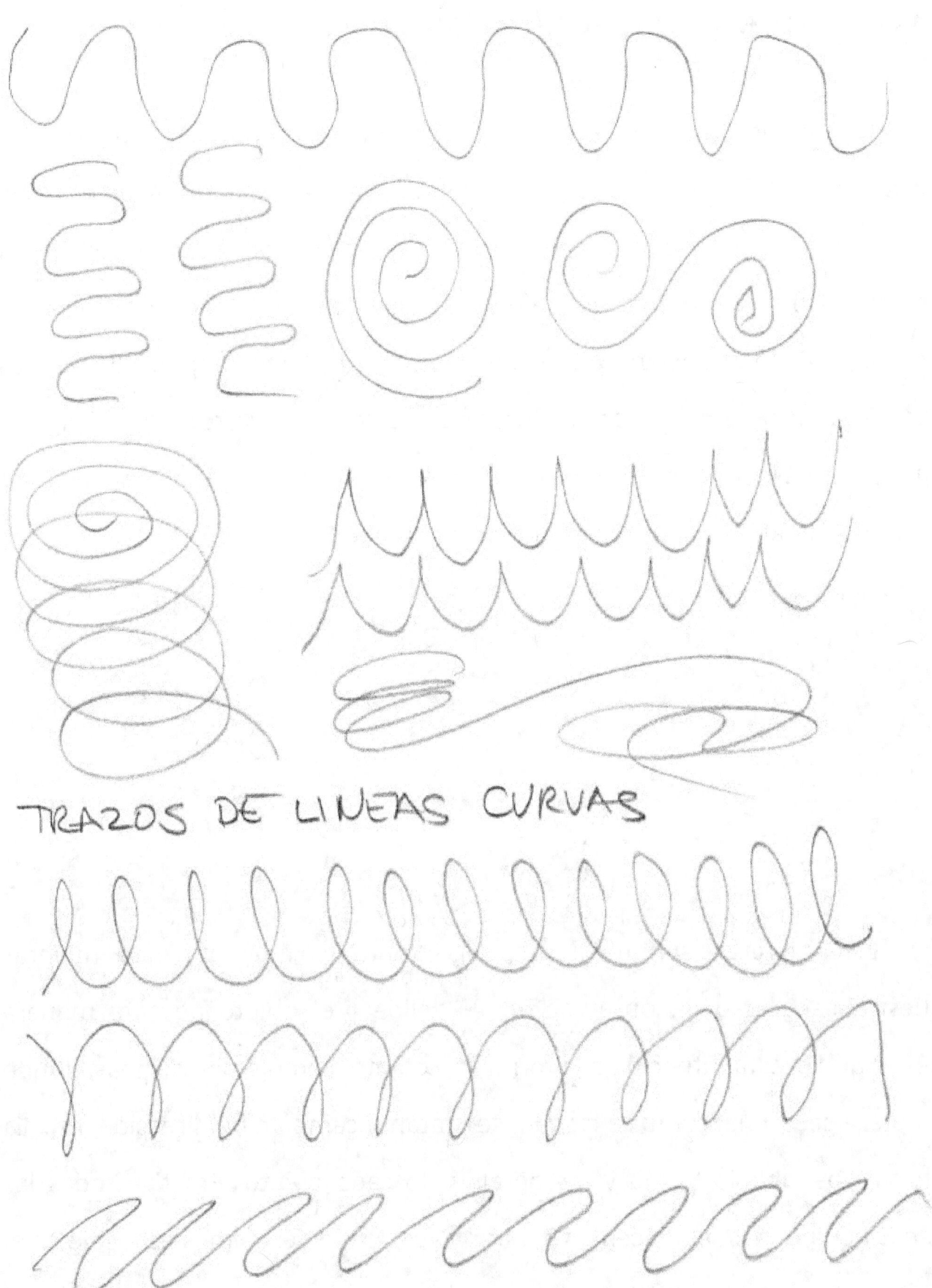

Las Líneas de los Objetos *(contorno)*

Este es un ejercicio muy sencillo que te ayudará a mejorar tu nivel de observación. ¿Qué haremos? con lápiz en mano escoge algún objeto que esté a tu alcance. Ahora, cierra un ojo, y con el lápiz, traza una línea imaginaria por el contorno del objeto escogido como si lo estuviera calcando en el aire. Practica haciendo este ejercicio con otros cinco objetos que tengas cerca. Busca objetos de formas interesantes como un jarrón, una silla, una figura, tu mascota o, si no tienes nada interesante cerca, prueba delineando tu pie, tu zapato, tu mano sosteniendo algún objeto, etc.

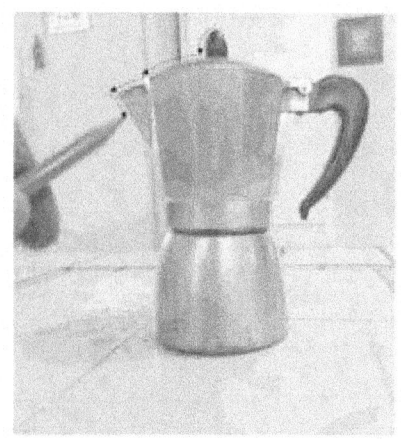 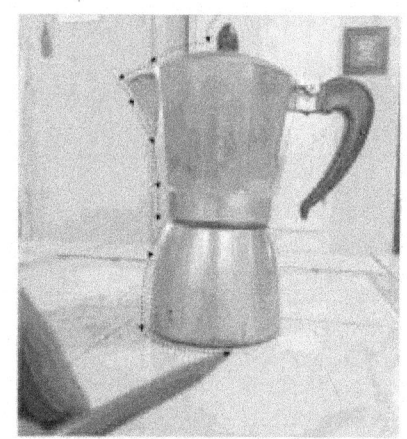 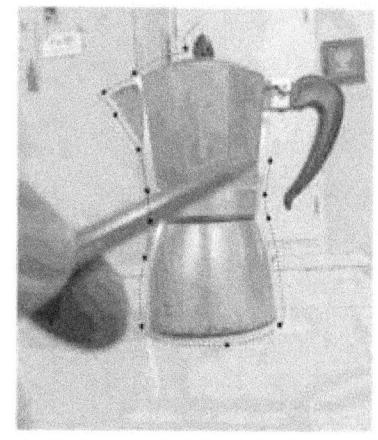

Este ejercicio aunque parece algo tonto es muy útil para mejorar nuestra capacidad de observación. Al delinear el objeto de esta manera tienes que prestar atención a la forma del objeto, como son sus líneas, dónde empieza cada una, cómo se cruzan, se juntan o cambian de dirección, etc. La idea es percibir la forma y los detalles de cada objeto. Practica todas las veces que puedas, empecemos a mirar y ver. No te desanimes este solo es el comienzo. ¡Para dar 100 pasos hay que dar uno primero!

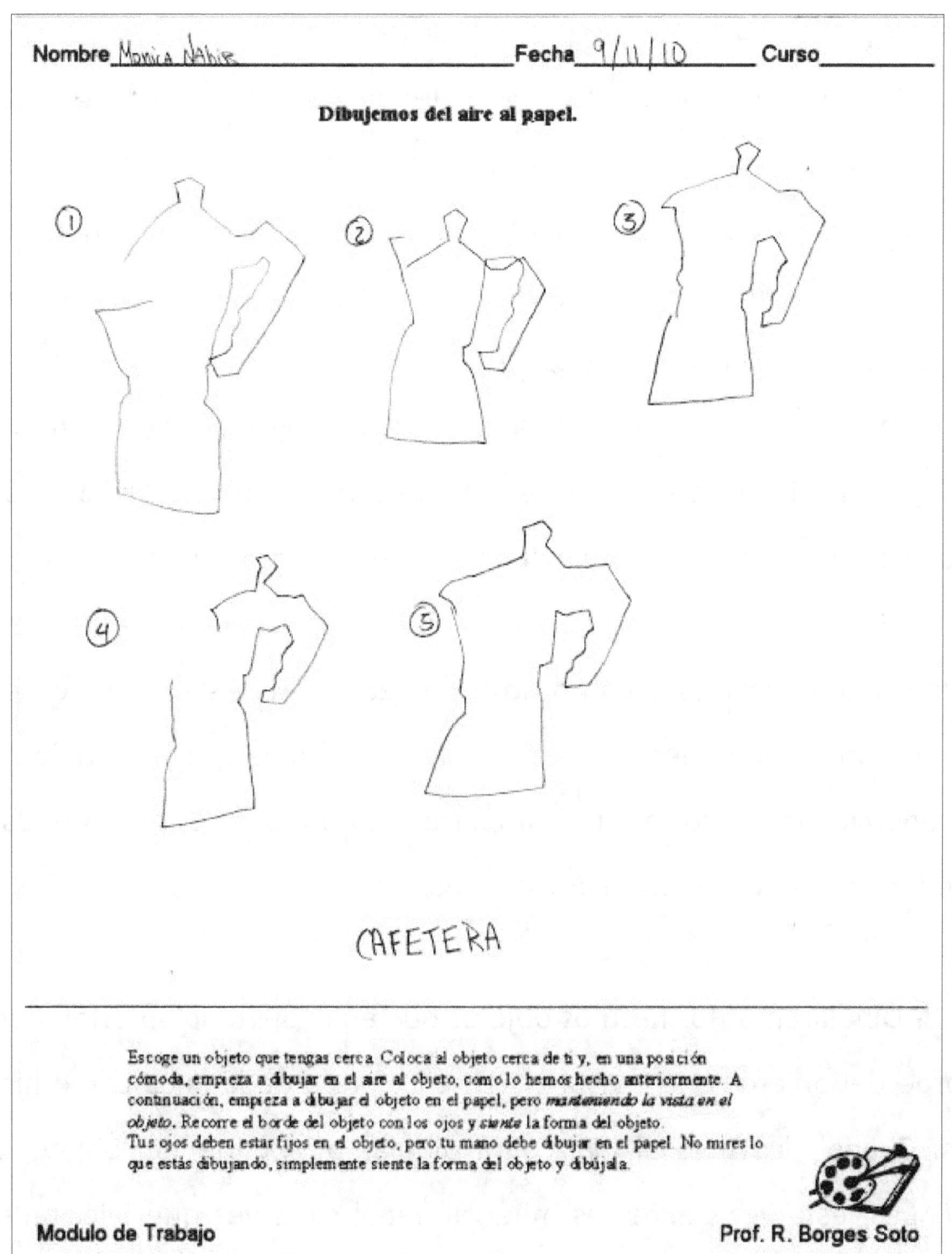

A- Con el papel al frente nuestro y con la vista en el objeto (*modelo*), sin levantar el lápiz hagamos varios ejercicios con un mismo modelo. Tanto el ejercicio anterior de dibujar en el aire como el presente tienen como fin, primeramente, desarrollar nuestra capacidad de observación y, segundo, desarrollar nuestra capacidad de entender la forma de un objeto. ¡Empecemos entonces! Sólo es necesario lápiz y papel. Practiquemos por lo menos con cinco (5) objetos diferentes. Observando poco a poco y con detenimiento las líneas de los bordes del modelo, comenzáremos por la base y siguiendo la línea del contorno del modelo con nuestra vista, simultáneamente trazaremos la línea en el papel sin mirar en ningún momento nuestro dibujo. Tus ojos deben estar fijos en el modelo, pero tu mano debe sentir lo que ve y dibujarlo en el papel. Trataremos de reproducir con nuestra mano lo que el ojo está viendo, debes hacerlo despacio y a la misma vez que recorres el contorno del objeto con la vista. Es de esperarse que las líneas no siempre coincidan y el dibujo salga deforme y desproporcionado. Eso no nos importa ahora, lo que nos interesa es aprender a entender la forma de un objeto.

B- Dibujaremos los mismos objetos que en el ejercicio anterior. Recorre el borde del objeto con tu vista y siente la forma de la línea como hicimos antes. Cuando levantes el lápiz para dibujar otra parte del objeto no te preocupes, esta vez podremos mirar al papel cada vez que iniciemos una nueva línea (*no más de un 10%*) pero tienes que seguir dibujando la siguiente forma o parte del objeto sin mirar como en el ejercicio anterior. Simplemente dibuja sin mirar. No te preocupes del resultado. Tal vez hasta este momento nuestros trabajos parezcan desastrosos; pero no te desanimes, intentamos mejorar la forma en que percibes las cosas.

C- Seguiremos con los mismos objetos. Recorre el borde del objeto con tu vista y dibuja simultáneamente. Puedes mirar al papel las veces que creas necesario mientras inicias la línea, luego continúa sin mirar el papel. Esta vez nuestro dibujo puede verse mucho mejor. Recuerda que nuestro objetivo es aprender a ver, dibujar es transportar una imagen, sea que la tenemos delante nuestro o una que está en nuestra mente, mediante líneas en el papel. Uno de los secretos para poder dibujar correctamente un objeto es entender cómo fue hecho. Tenemos que entender cómo es su forma.

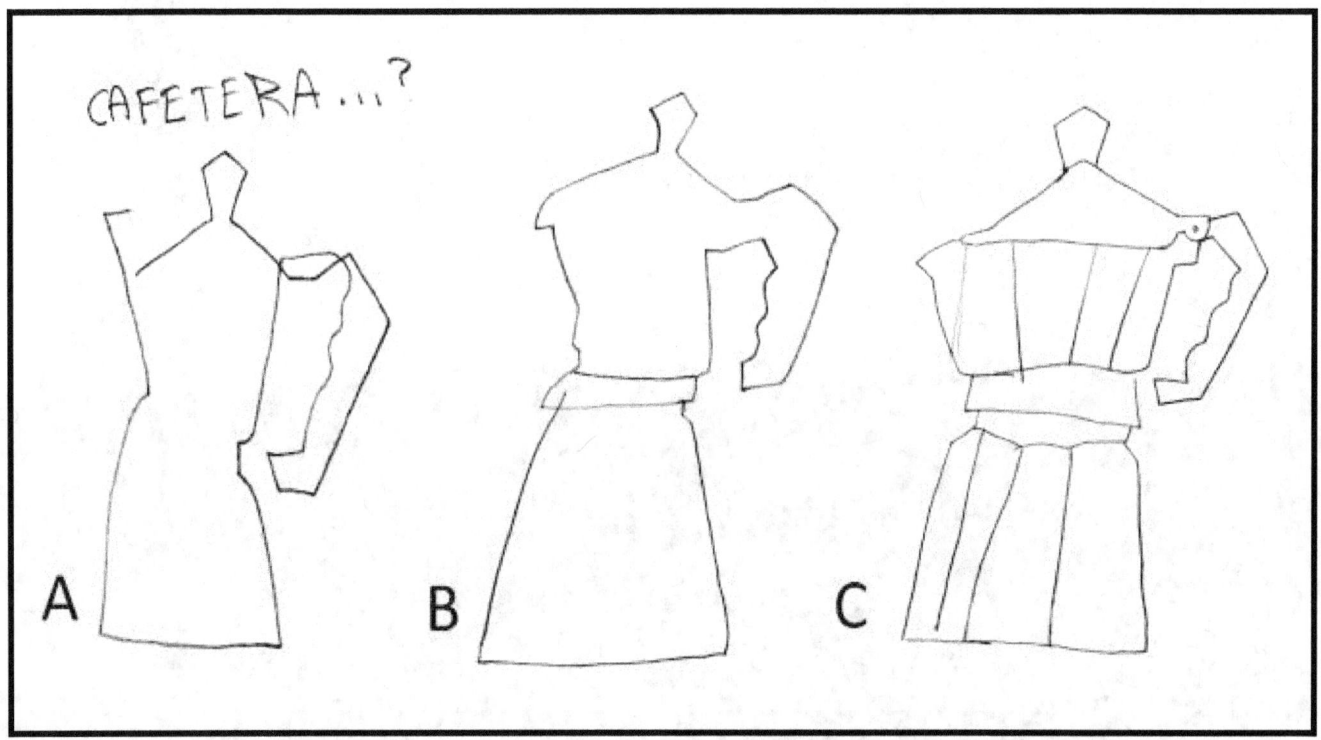

Aquí vemos el progreso en el estudio de una cafetera después de dibujarla al aire: A- Sin mirar al papel y sin levantar el lápiz, B- Mirando (*10%*)

al iniciar una nueva línea, C- Mirando al inicio de cada línea y trazando sin mirar al papel.

Si no dispones de objetos apropiados para este ejercicio, puedes repetir este ejercicio utilizando las fotos de los modelos que se incluyen en esta página.

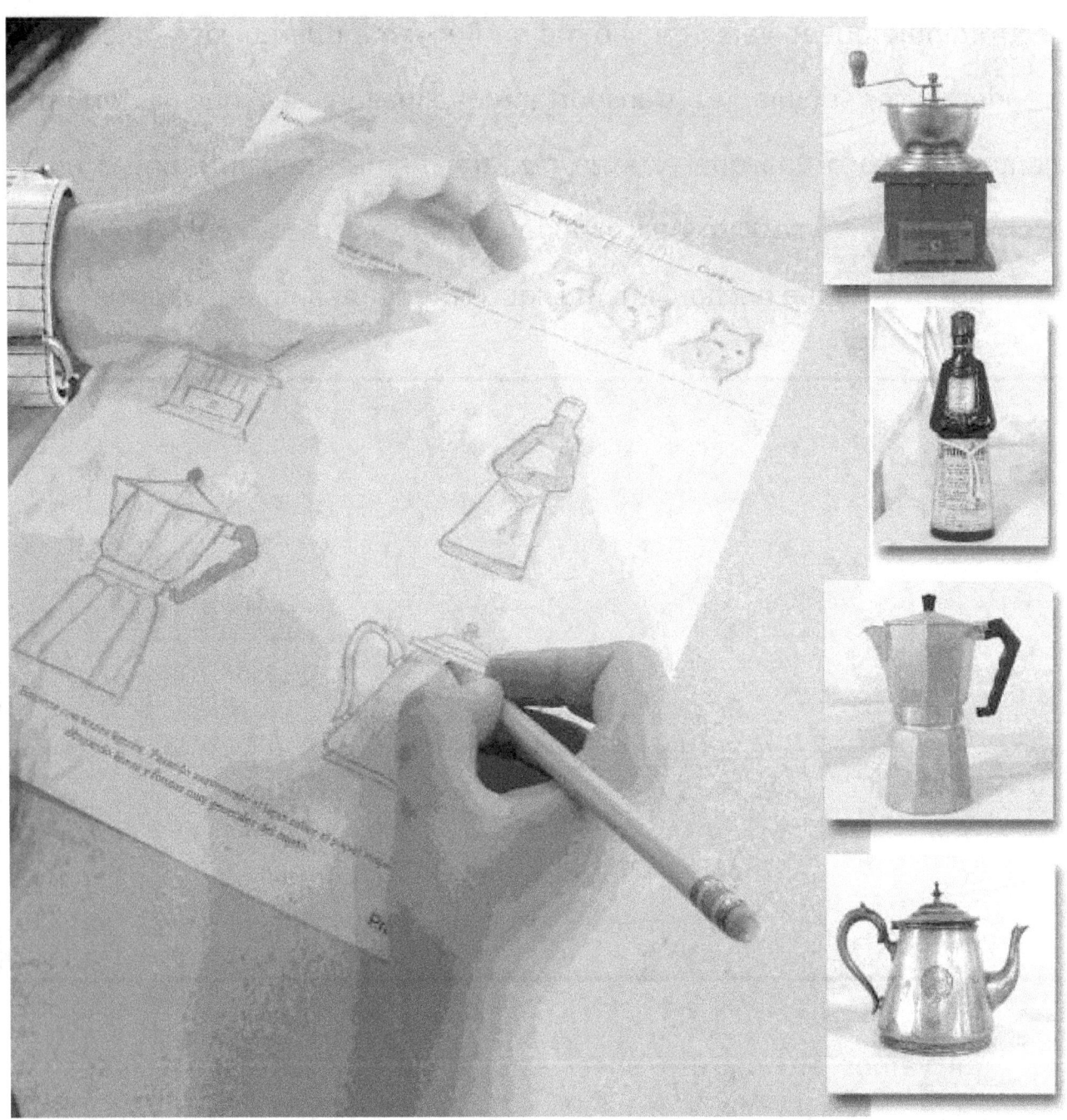

Dibujo de Mónica Nahir Borges González, 14 años Academia y Centro de Arte

Líneas Básicas

Las líneas de lápiz pueden ser ásperas o fuertes, cada lápiz con el que dibujas tiene sus cualidades especiales así como los papeles que uses para tus dibujos. Cada línea tiene diversas características en forma y ritmo. Veamos los tipos de líneas básicas que puedes utilizar para lograr tus dibujos.

Puedes practicar usando lápiz, carboncillo, marcador o crayón de cera. La combinación de líneas te ayudará a dar forma a una figura, las líneas pueden cambiar de grueso, posición y tamaño.

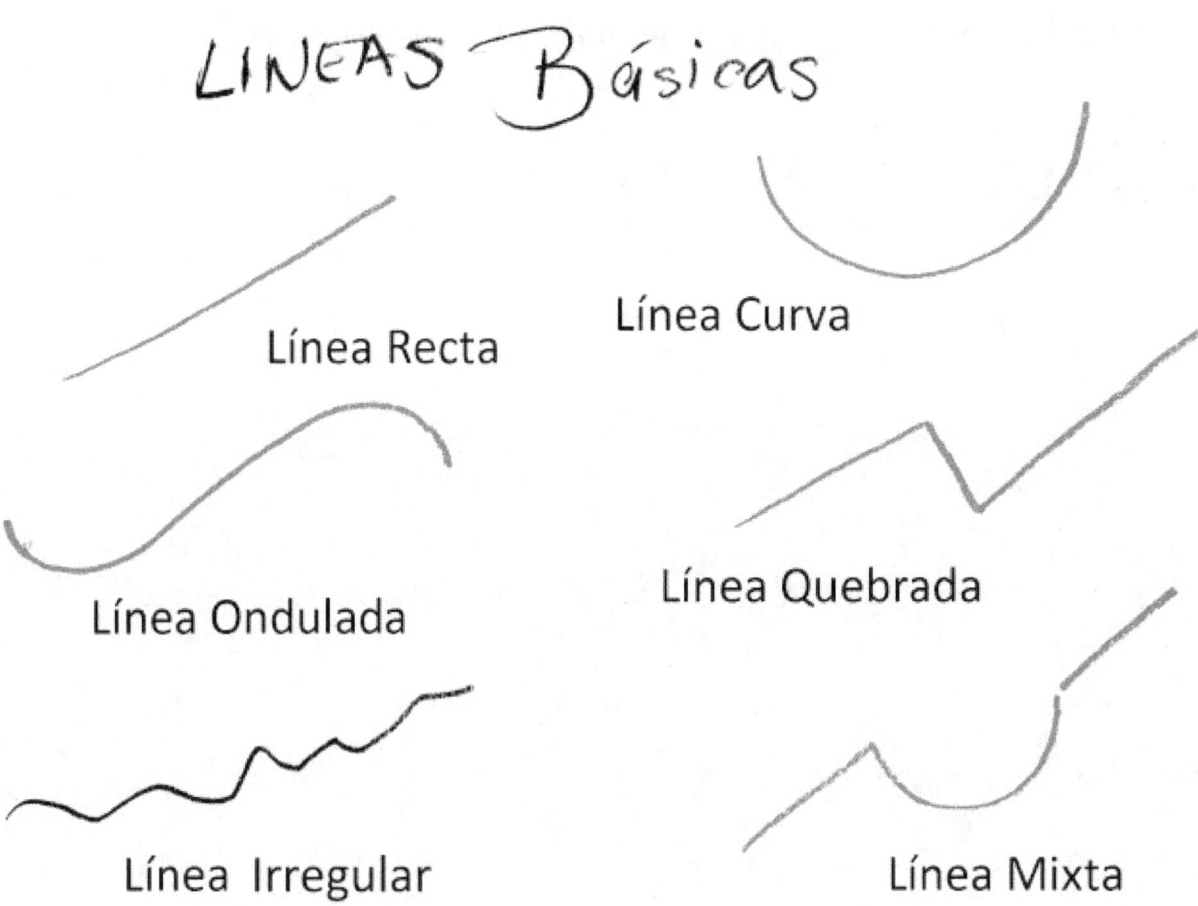

Formas Básicas

Cuando dibujamos algún objeto comenzamos dibujando su aspecto general y luego los demás detalles que forman parte de su conjunto. Lo primero que debemos aprender es ver y conocer esas formas. Estas son algunas de las formas básicas que usaremos. No te preocupes si al copiarlas a mano alzada no te salen perfectas. Difícilmente un círculo o un óvalo salgan bien a la primera, repasa varias vueltas para ir corrigiendo las partes deformes. Recuerda hacer los trazos livianos sin mucha presión en el lápiz para que puedas borrar las formas geométricas y las líneas guías. Si deseas mayor precisión puedes ayudarte de una regla o un compás.

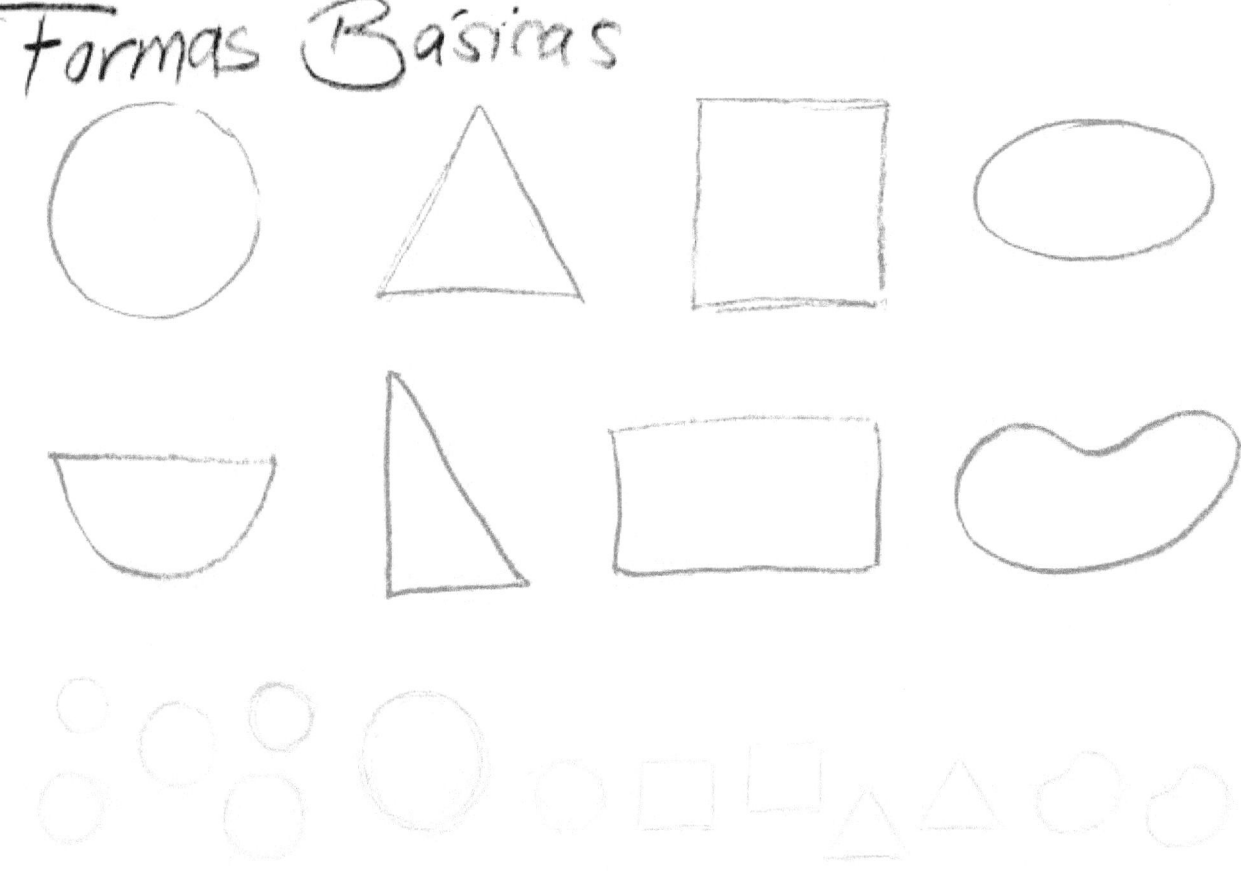

Para el que nunca ha dibujado

Si puedes escribir, puedes dibujar. Te enseñaré una técnica basada en las formas geométricas que te pondrán a dibujar de inmediato. Sigue cada instrucción al pie de la letra y verás.

Dibuja sin apretar mucho tu lápiz dos círculos que se crucen uno sobre el otro.

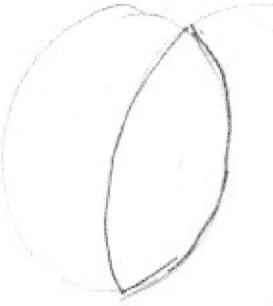

Traza más fuerte las líneas que forman el óvalo que se forma entre los dos círculos.

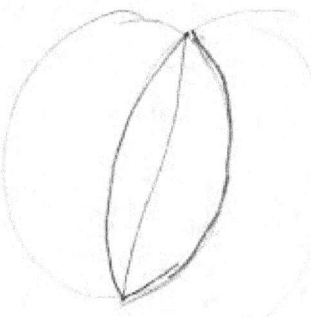

Dibuja una línea que divida el óvalo desde el punto donde se cruzaron las líneas de los círculos originalmente.

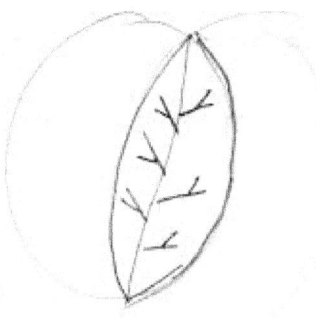

Dibuja la letra [Y] alargada varias veces a cada lado de la línea divisoria usándola de base para la letra.

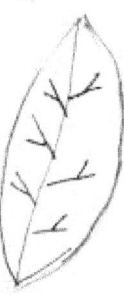

Borra las líneas que trazaste de los círculos con las que iniciaste este dibujo. Muy bien ya sabes dibujar una hoja…

Como sabes ya dibujar un círculo para comenzar, verás que fácil se hace dibujar usando formas geométricas.

Dibuja nuevamente un círculo en otro papel.

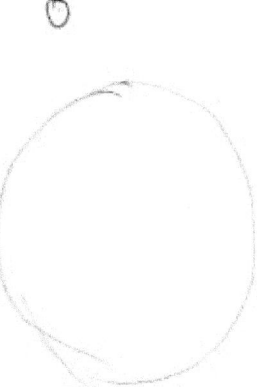

Dibuja fuera sobre el círculo en algún lugar no más lejos de una pulgada la letra [O].

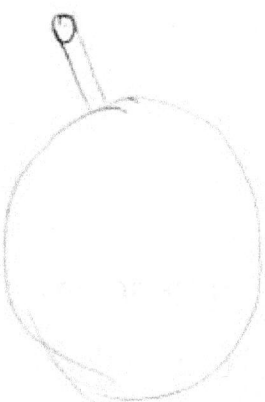

De ambos lados de la [O] traza una línea para conectarla con el círculo.

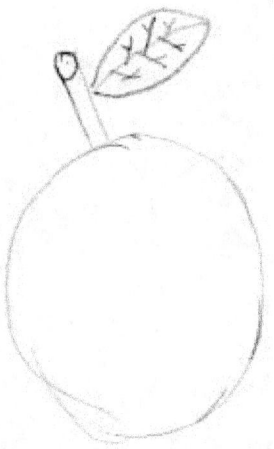

Añade a este dibujo en uno de los lados la hoja que aprendiste a dibujar en el ejercicio anterior. Felicitaciones ya sabes dibujar una naranja.

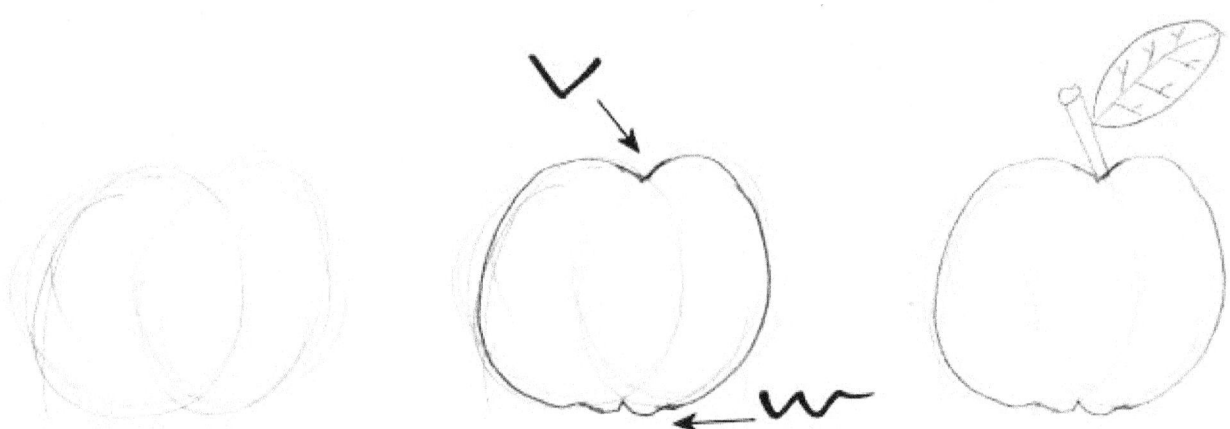

Dibujemos con círculos nuevamente, pero esta vez usaremos dos medios círculos o dos líneas curvas opuestas. Júntalas en la parte superior con una letra [V] amplia y en la parte inferior con una letra [W] minúscula o una letra [M] [invertida. Ahora añádele el pabilo y la hoja que aprendiste en los dibujos anteriores. ¿Qué tal?, parece una manzana.

Habrás notado como la simplificación geométrica facilita resolver la forma de algunos modelos. Buscar que formas geométricas dominan la forma general del objeto nos da la idea de por dónde comenzar nuestro dibujo. Hagamos otro dibujo usando círculos.

Dibuja un círculo y marca un punto en el centro.

Marca otro punto fuera del círculo con la misma distancia que tienes desde el primer punto hasta el contorno del círculo.

Traza una línea juntando los dos puntos y dibuja un círculo usando el segundo punto de centro.

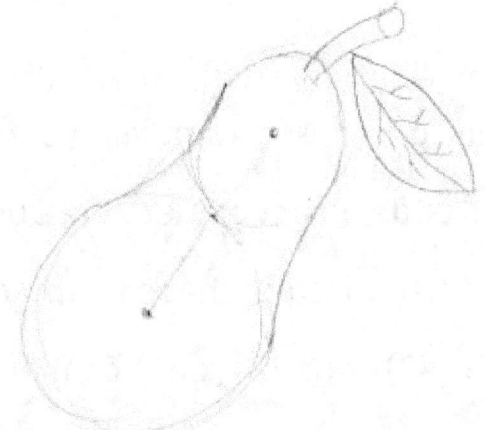

Conecta los círculos con dos líneas curvas invertidas. Excelente, ahora añade el pabilo y la hoja que ya sebes dibujar. ¿Qué te parece? Has dibujado una pera, borra las líneas y los puntos que usaste de guía.

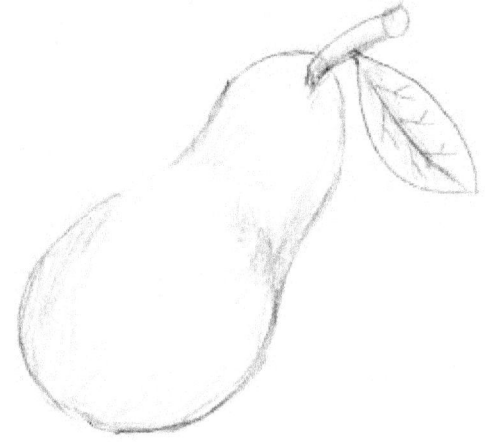

Ves como tener presente las formas geométricas nos ayudan a dibujar. Cuando observes algún objeto busca las formas que se ocultan dentro de él. Cuando logres simplificar en formas sencillas lo complejo del objeto será más fácil dibujar su forma.

Una vez reconozcas con tu vista las formas, que tu mano dibuje lo que ves y no lo que tu mente analiza y te dice que ves. Hagamos pues dibujos de práctica usando la simplificación geométrica al inicio. En los ejemplos que te muestro en este libro usaremos las formas básicas que practicaste anteriormente *(página 30)*.

Ahora fíjate bien en el objeto que deseas dibujar. ¿Qué forma general tiene? ¿Es esférico o cabe dentro de un cubo, etc.? ¿Qué otras formas pequeñas forman sus detalles? Cuando creas haber captado una imagen clara del objeto, toma el lápiz HB (#2) o un crayón y comienza a trazar con líneas y formas básicas sin presionar mucho el lápiz. Practica con los siguientes dibujos antes de continuar con otras técnicas. Observa bien el modelo, simplifica las formas y no trabajes de memoria.

Sigamos dibujando usando círculos. Dibuja este payaso siguiendo el orden que se ilustra añadiendo círculo y óvalos para componer su forma general. Luego añade los detalles presionando más el lápiz. Usa un lápiz HB (#2).

Bienvenidos a dibujar...a dibujar se aprende dibujando. Practica con los ejemplos en este libro. Son dibujos sencillos y tal vez te parecen tontos pero están diseñados para que mejore tu manera de observar y ver los detalles que caracterizan a cada modelo.

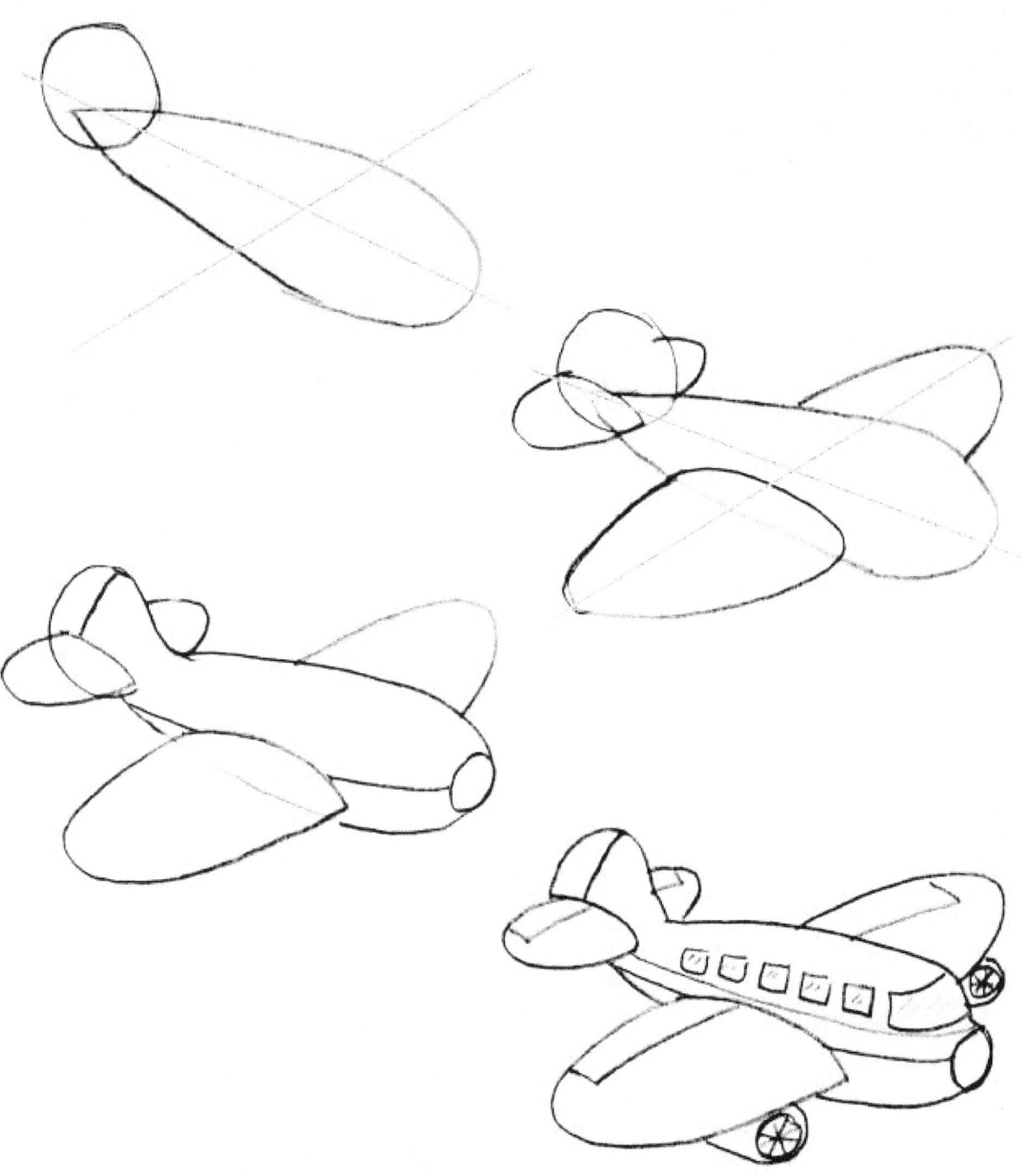

Cruza dos líneas diagonales, añade las formas geométricas de un círculo y una gota alargada para el fuselaje del avión. Traza medios óvalos para las alas y los alerones. Finalmente refuerza las líneas características del modelo y los demás detalles hasta terminar el dibujo del avión.

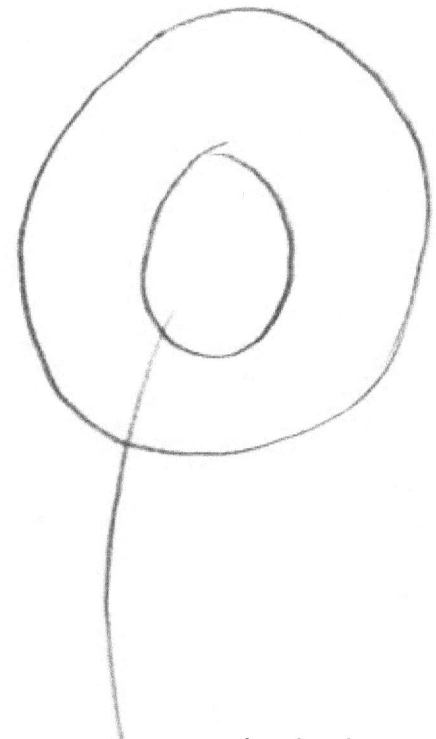

Dibuja suavemente un círculo dentro de otro y traza desde su centro una línea hacia abajo para el tallo.

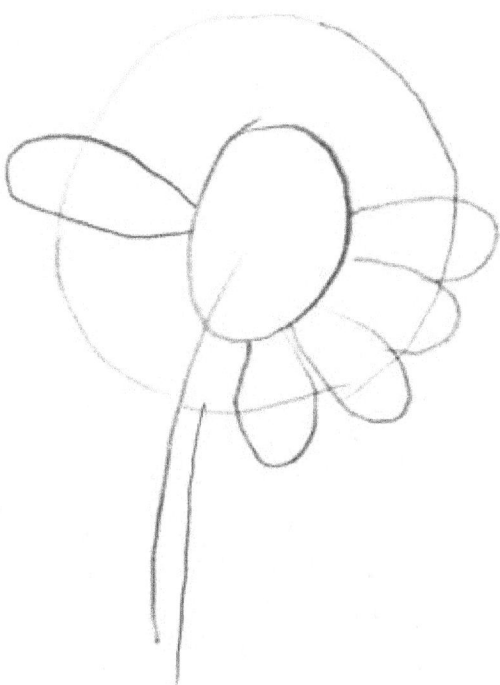

Marca desde el centro del círculo con gotas alargadas los pétalos.

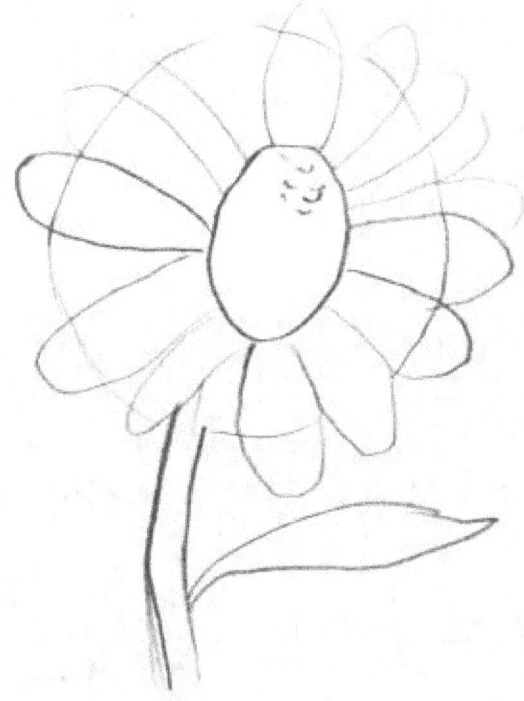

Completa el tallo duplicando la línea y dibuja la hoja. Continúa los pétalos de la flor.

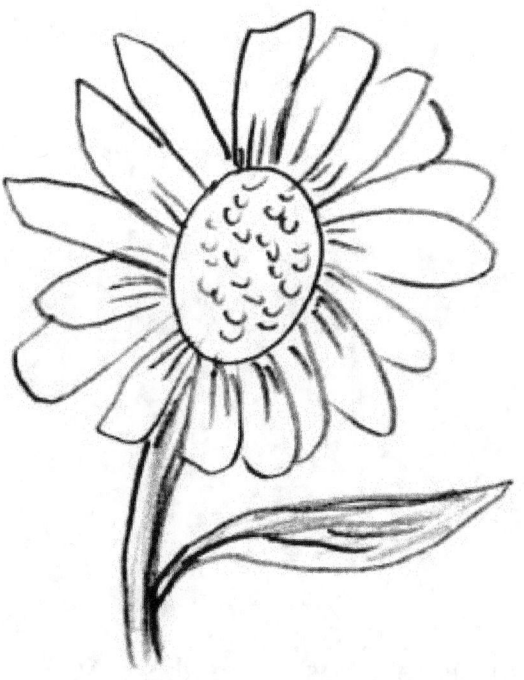

Presiona más el lápiz y completa los detalles de las hojas y los pétalos para dar realismo a la flor.

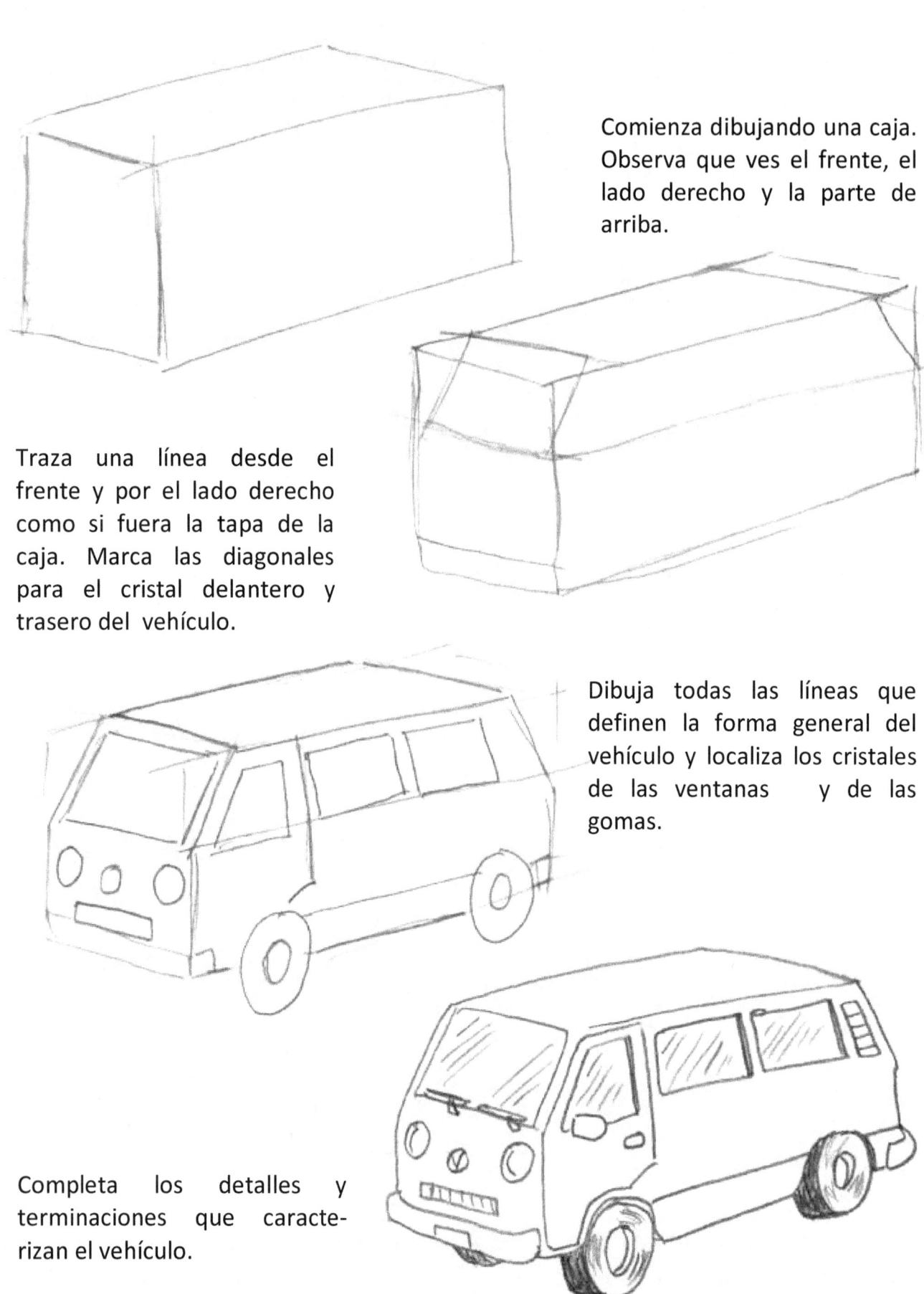

Comienza dibujando una caja. Observa que ves el frente, el lado derecho y la parte de arriba.

Traza una línea desde el frente y por el lado derecho como si fuera la tapa de la caja. Marca las diagonales para el cristal delantero y trasero del vehículo.

Dibuja todas las líneas que definen la forma general del vehículo y localiza los cristales de las ventanas y de las gomas.

Completa los detalles y terminaciones que caracterizan el vehículo.

Las Formas de los Objetos

Casi todo lo que vemos a nuestro alrededor tiene una forma específica con características muy particulares. Cuando dibujamos algo estamos dibujando su aspecto general y demás detalles que forman su conjunto. Muchos artistas estudian las formas geométricas de los objetos que tratan de dibujar. Algunas de estas formas básicas son los círculos, óvalos, cuadrados, triángulos y demás. Cuando comenzamos a dibujar debemos ver las formas generales de los objetos y luego fijarnos en los detalles.

Primero fíjate bien en el objeto que quieres dibujar. ¿Qué forma general tiene? Es circular o rectangular, etc. ¿Qué otras formas pequeñas forman sus detalles? Cuando creas haber captado una imagen clara del objeto, toma el lápiz o un crayón y comienza a trazar tu dibujo.

En las siguientes páginas verás dibujos de objetos con diferentes formas que puedes tratar de copiar con lápiz o carboncillo. Trabaja con libertad garabateando hasta conseguir las formas deseadas. Recuerda que estás practicando con líneas y formas para conseguir algún parecido. Te recomiendo que dibujes con rapidez y soltura, trazando y retrasando las líneas, no te preocupes por la nitidez en estos momentos, sólo practica.

Cuando hayas logrado imitar la forma general, toma un lápiz de minas más oscuras 4B o 6B y ve confirmando la forma con una línea más fuerte y segura. Este método de reforzar las líneas del contorno la practican muchos artistas en sus dibujos para obtener mayor definición y contraste.

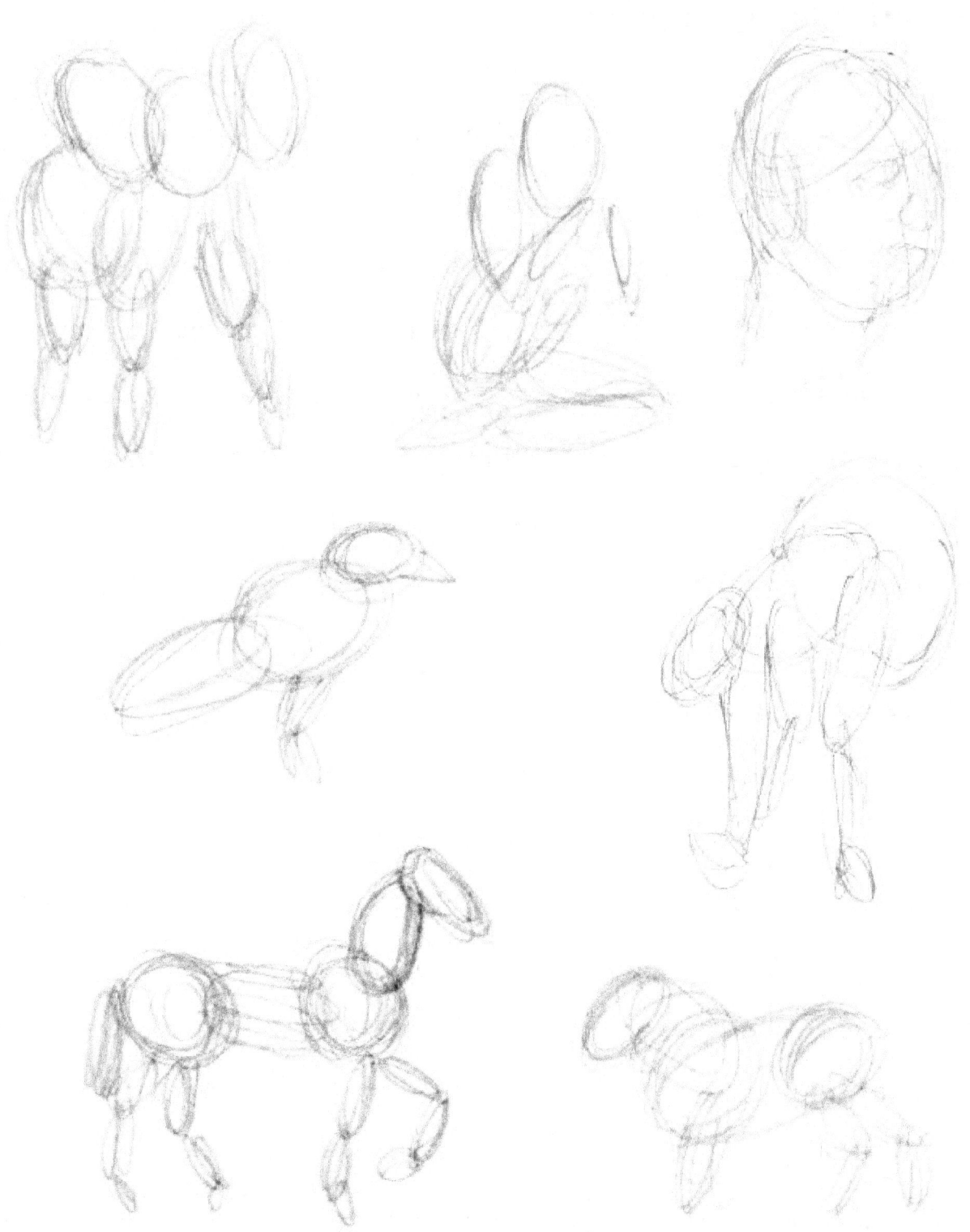

Dibuja rollitos y garabatea las formas generales de tus modelos con un lápiz HB. Trabaja rápido tratando de captar el mayor parecido de las formas. Observa los ejemplos que te muestro en la página, es un método sencillo que capta con rapidez la estructura física del objeto.

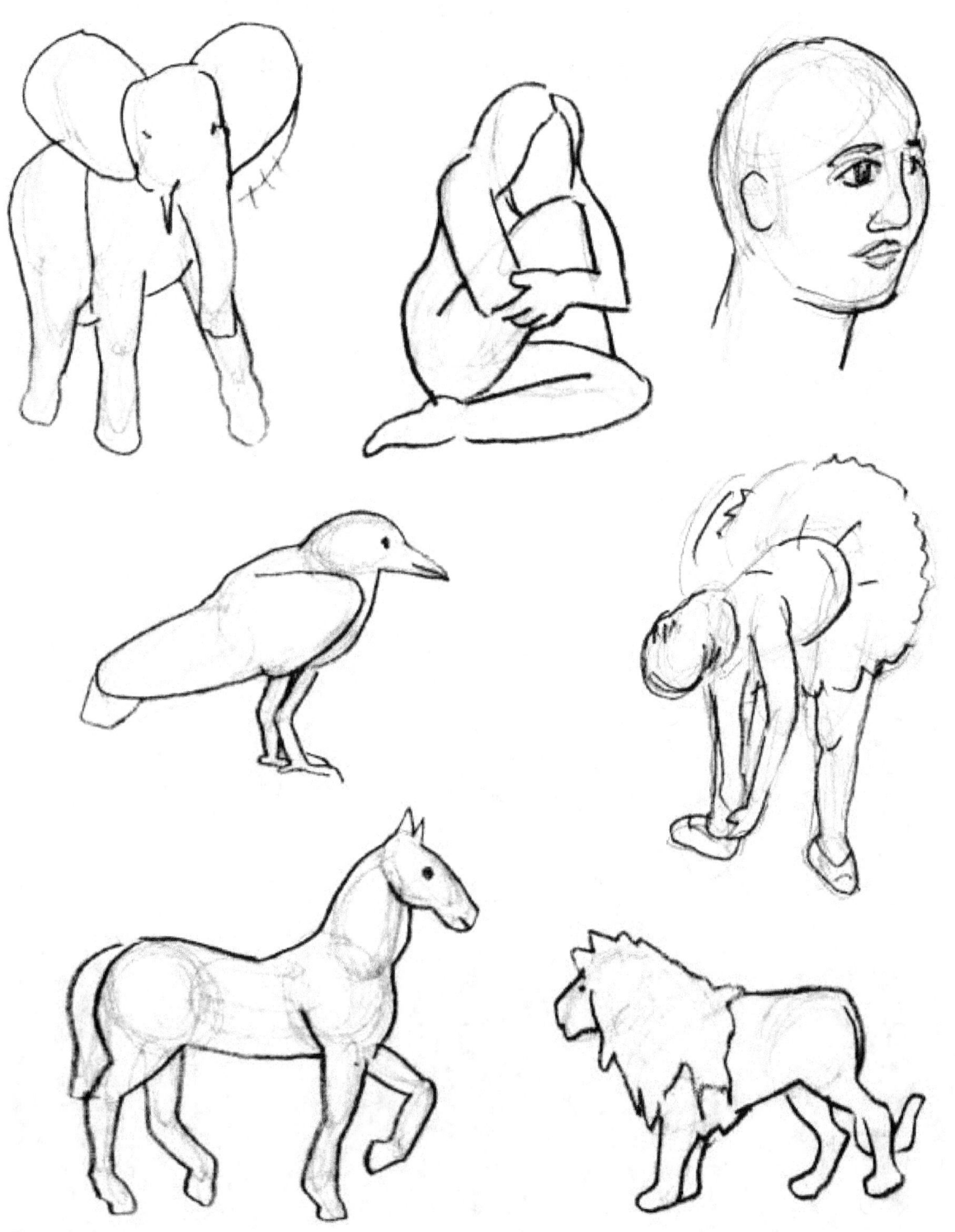

Observa como ahora he dibujado con un lápiz más oscuro corrigiendo mejor las formas. Usa un lápiz 4B o 6B y rectifica sobre el apunte de rollitos las formas generales del modelo con más precisión. Practica y no temas borrar para arreglar alguna línea. Diviértete dibujando...

Los artistas están siempre estudiando las cosas que le rodean y hacen apuntes y bocetos rápidos como práctica. Puedes cargar contigo un pequeño cuaderno de dibujo para que tomes nota de objetos, personas y formas que te interesen.

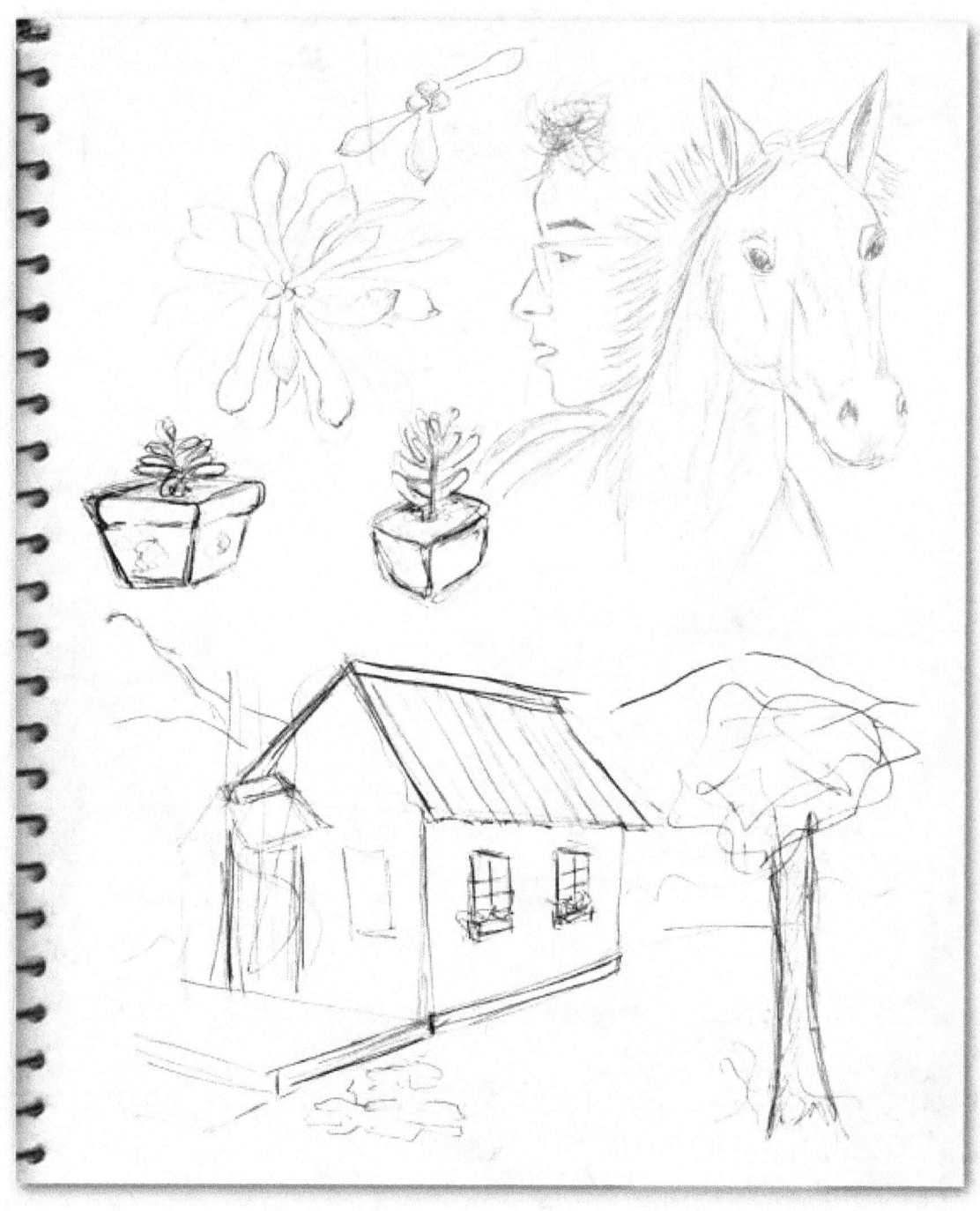

Paginas de un cuaderno de notas de Monica N. Borges, Escuela Nacional de Artes Plásticas

Hay muchos objetos y formas a nuestro alrededor, pero te has preguntado ¿Qué hace a la forma que parezca dura, solida, suave, blanda etcétera? Sí observamos la forma del follaje de un árbol debemos entender que su apariencia general depende de la estructura de su tronco y ramaje. No es necesariamente lo que observamos en la superficie sino lo que lo sostiene dentro.

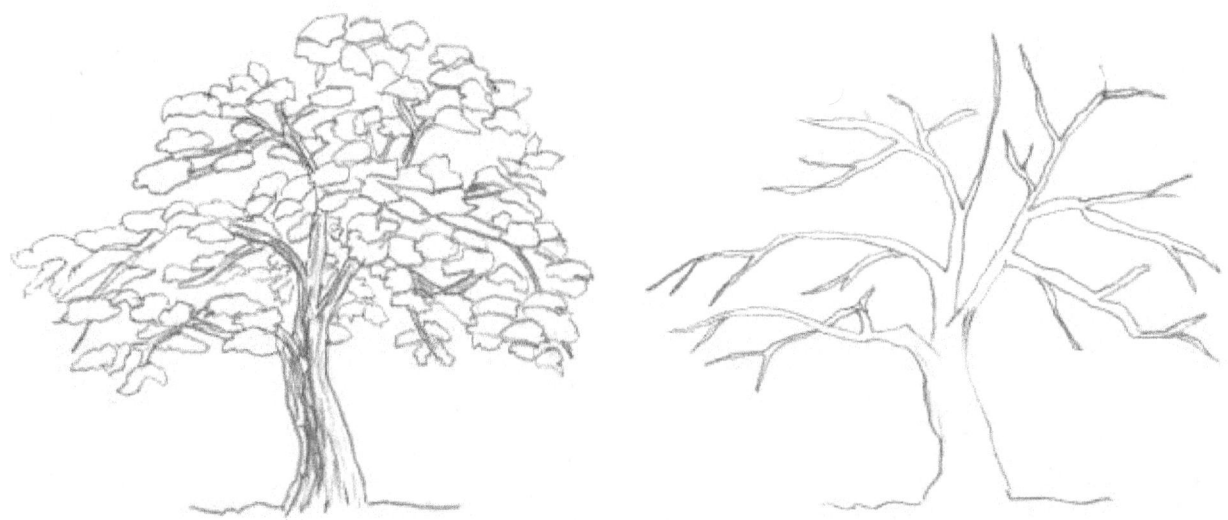

Fíjate en un caballo o un perro, estos están cubiertos de un hermoso pelaje pero debajo de su piel hay toda una estructura de esqueleto y de músculos que lo sostienen.

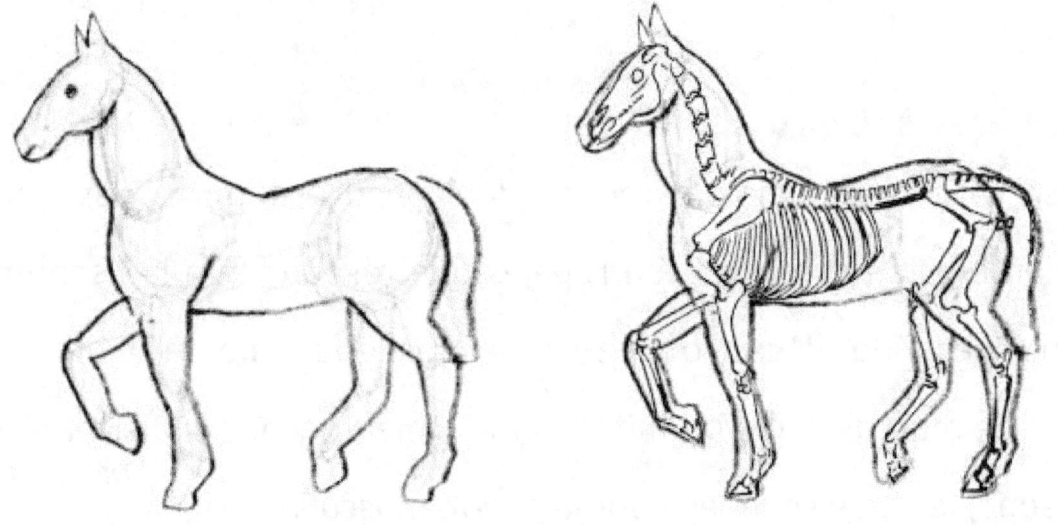

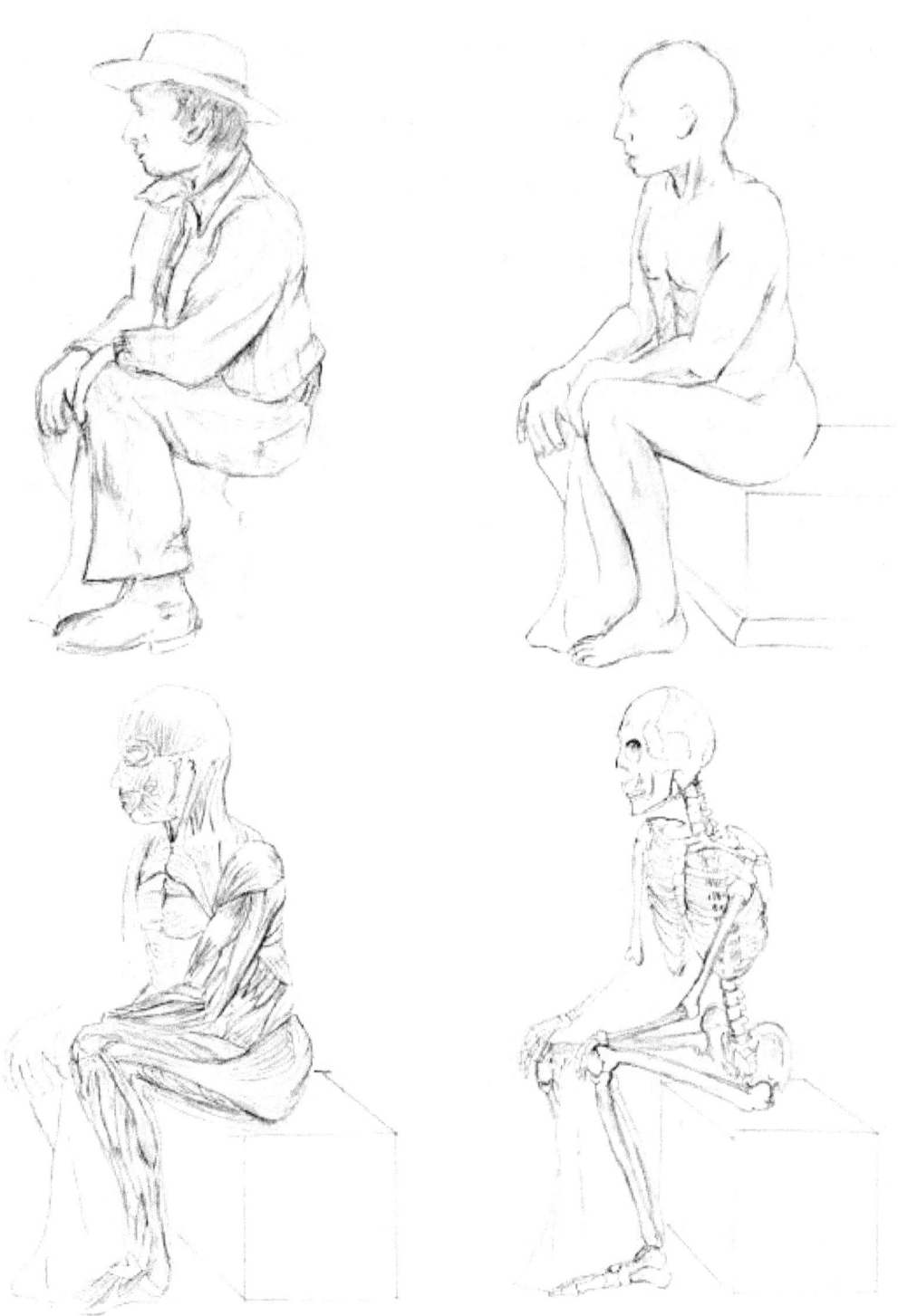

Observa este estudio anatómico de la figura humana, las personas normalmente están cubiertas con ropajes que responden a la fisonomía de su cuerpo desnudo. Nuestro cuerpo se sostiene bajo la piel por una estructura de músculos que permiten el movimiento y por una armazón ósea que nos soporta y que se mueve por la acción muscular.

Hace muchos años para la época del Renacimiento en Europa grandes artistas como Leonardo Da Vinci, Miguel Ángel y muchos otros estudiaron detalladamente la anatomía humana y de animales para perfeccionar sus dibujos. Estos estudios revelaban que lo que sucede bajo la piel determina el comportamiento de la forma exterior. Sus estudios y dibujos anatómicos son tan precisos que aun en la actualidad se estudian por artistas y estudiantes de anatomía.

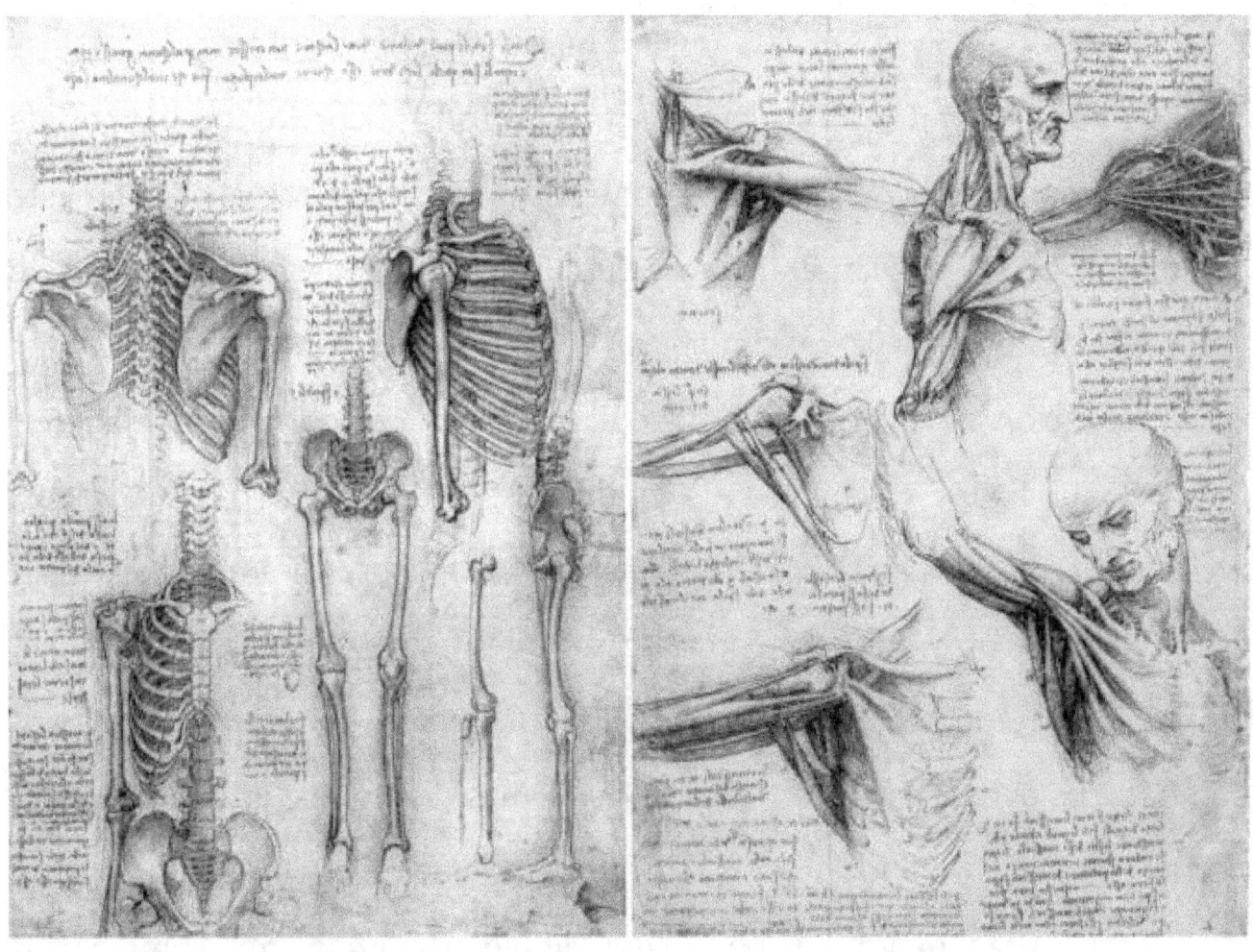

Estudio anatómico de esqueleto y músculos por Leonardo Da Vinci.

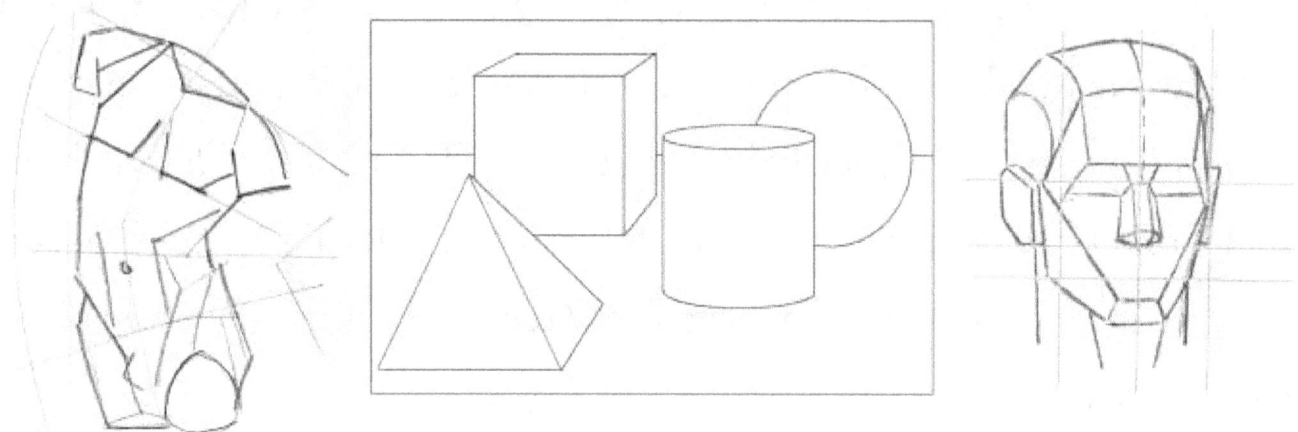

Formas y planos geométricos generales que constituyen el cuerpo y la cabeza humana.

La gran mayoría de los artistas tratan de resolver los problemas de dibujo ayudándose con las formas geométricas como ya te he explicado. Este es un método que facilita el dibujo y que utilizaremos más adelante en este libro. Se trata de visualizar y simplificar en formas geométricas generales sin poner atención en ese momento en los detalles del objeto. Se dibuja el objeto o la figura valiéndose de triángulos, círculos, óvalos, cuadrados, etcétera y de formas tridimensionales como cubos, pirámides, esferas, cilindros entre otras formas geométricas.

Estos métodos de bocetar en rollitos *(volumen)* o a través de planos geométricos simplifican el estudio de las formas *(contorno)* de las cosas y te permiten realizar buenos dibujos fácilmente. A medida que trabajes con este libro entenderás mejor las bases del dibujo y podrás imitar mejor los ejemplos que se ilustran. Recuerda que toda la información que necesitas para conseguir el parecido en tu dibujo está en tu modelo. Observa bien y no dibujes de memoria, no dejes que el lado izquierdo de tu cerebro intervenga primero en como dibujar y dibuja como lo vez, no como crees que debe ser.

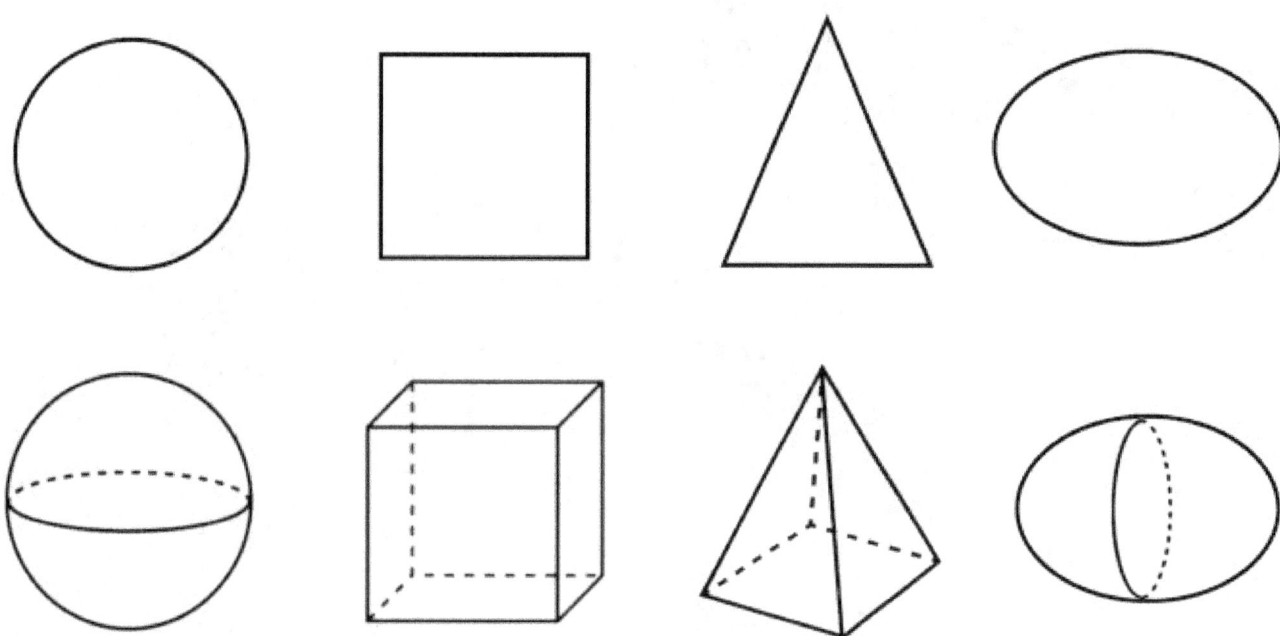

En todas las academias y escuelas de arte plásticas el estudio de las formas geométricas es la norma. Aprende a dibujar estas formas básicas en dos y en tres dimensiones así podrás resolver en un futuro los problemas de volumen y claroscuro en tus dibujos. Un ojo responde al tratamiento de una esfera y una nariz a un triángulo, una botella por lo general es cilíndrica y la mayoría de las estructuras arquitectónicas a rectángulos y cubos.

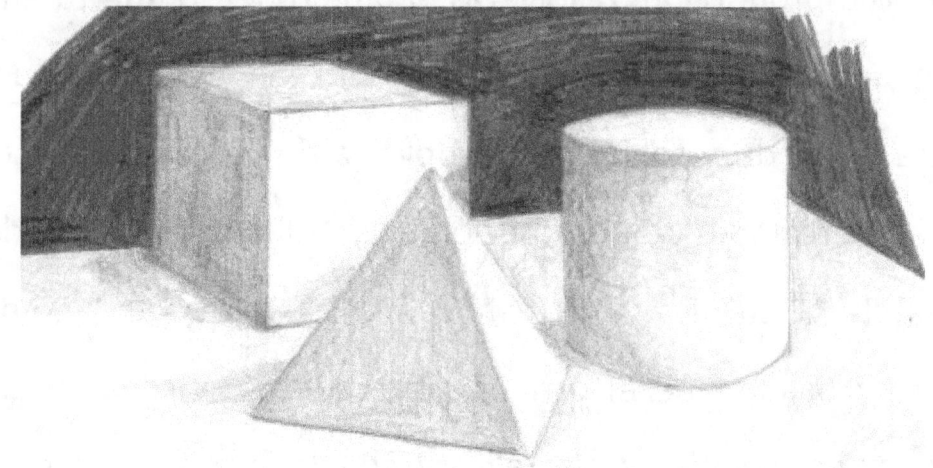

Dibuja lo que ves, no de memoria

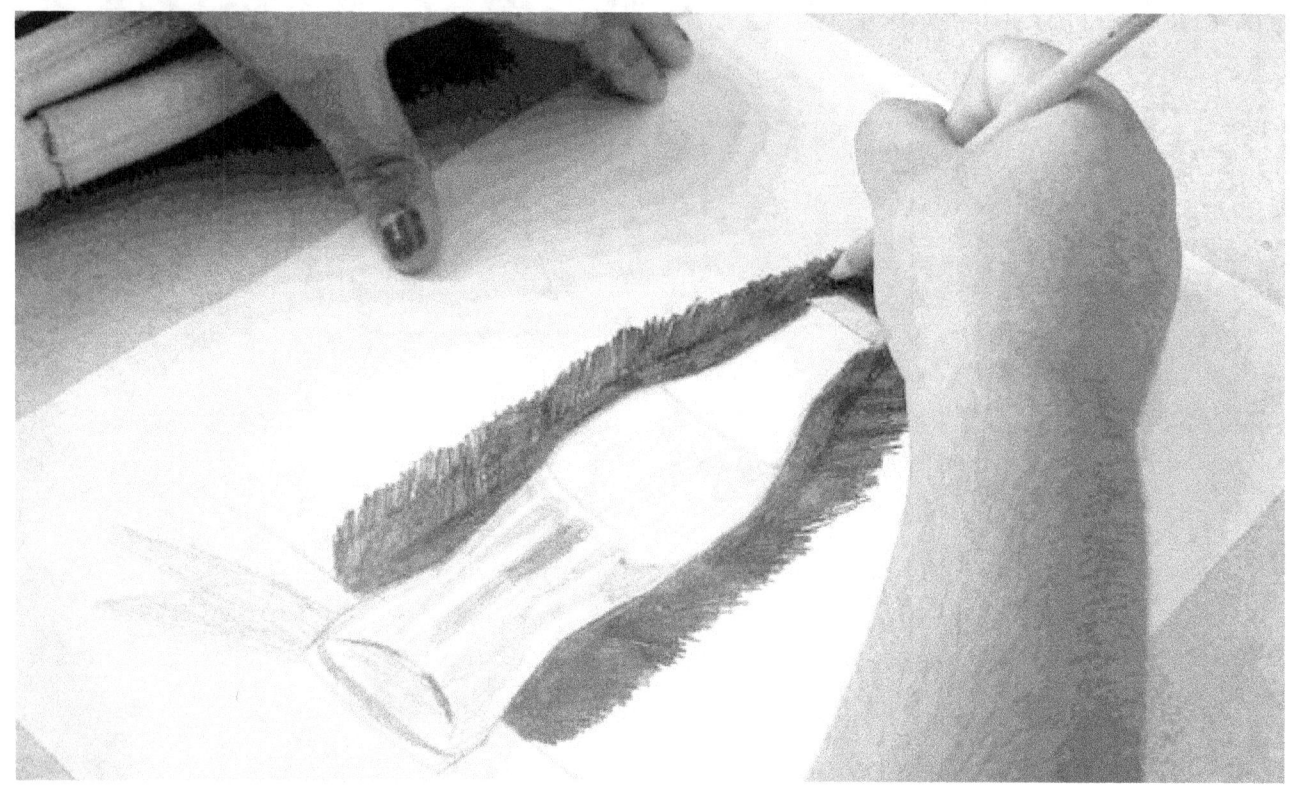

El mayor problema del aprendiz a dibujante es que trata de resolver sus dibujos con la información almacenada en su cerebro como ya hemos comentado y no con la información que puede obtener viendo el modelo. Si te pido que dibujes una botella y te muestro un modelo en específico *(botella de cola)*, comenzarás a dibujar y cuando tengas el primer problema, bien sea en el contorno o proporción, resolverás el dibujo por lo que tu entiendes es la forma de una botella y no necesariamente la que te he puesto como modelo. Para tratar de resolver este problema de percepción haremos unos ejercicios de intercambio de información entre el lado izquierdo del cerebro y el lado derecho. Científicamente está comprobado que un lado del cerebro está más desarrollado que el otro. Trataremos de enseñar a un lado del cerebro lo que el otro sabe para éste responda de forma simétrica.

Cuando observaste y dibujaste la línea de contorno de los objetos en los ejercicios al comienzo de este libro, notaste que el lado el derecho o el izquierdo siempre quedaban mejor o más parecidos a la forma del modelo. El próximo ejercicio te ayudará a balancear tu percepción entre ambos lados de tu cerebro.

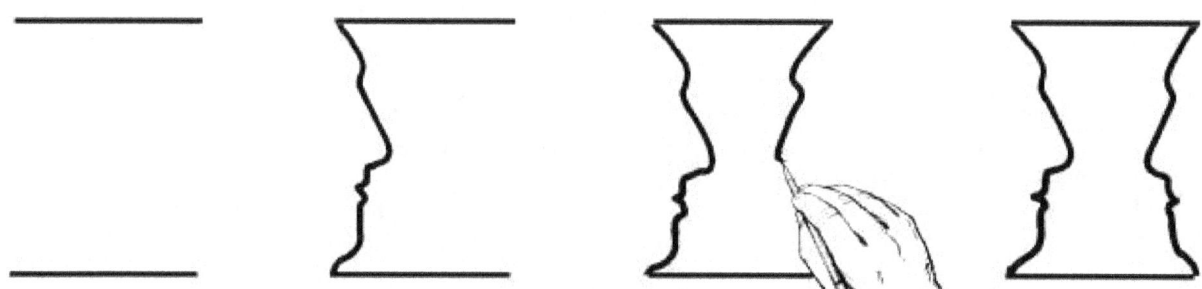

Dibuja un rostro de perfil entre dos líneas horizontales. Si eres derecho dibuja el lado izquierdo primero; si eres izquierdo dibuja el lado derecho primero. Luego completa el otro lado repitiendo la misma forma pero como vista en un espejo. Observa el ejemplo.

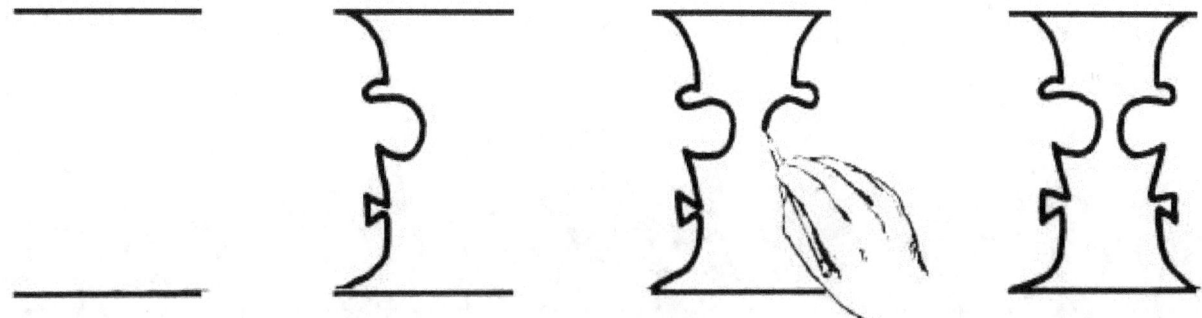

Repite el ejercicio anterior, dibujando un perfil grotesco, barroco o caricaturesco. Observa si ambos lados de la figura son semejantes, si encuentras dificultad, repite estos ejercicios varias veces. La práctica es tu mejor aliado. Prueba dibujando la imagen invertida del siguiente ejercicio como si se reflejara en un espejo para mejorar tu percepción de las formas, izquierda y derecha, arriba y abajo.

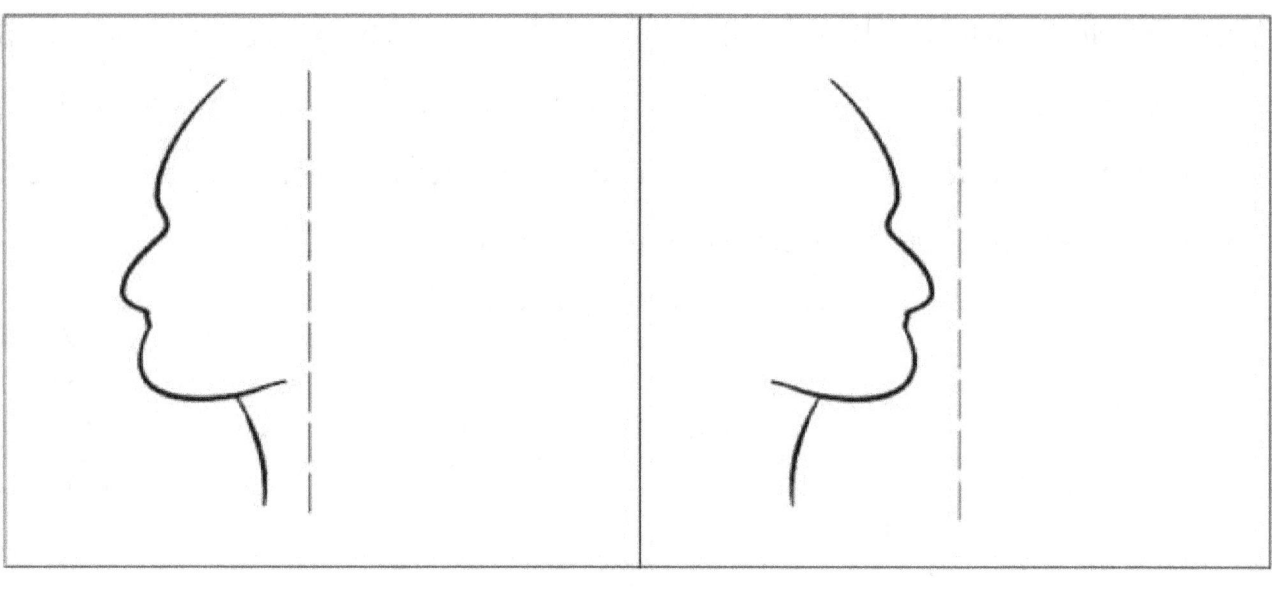

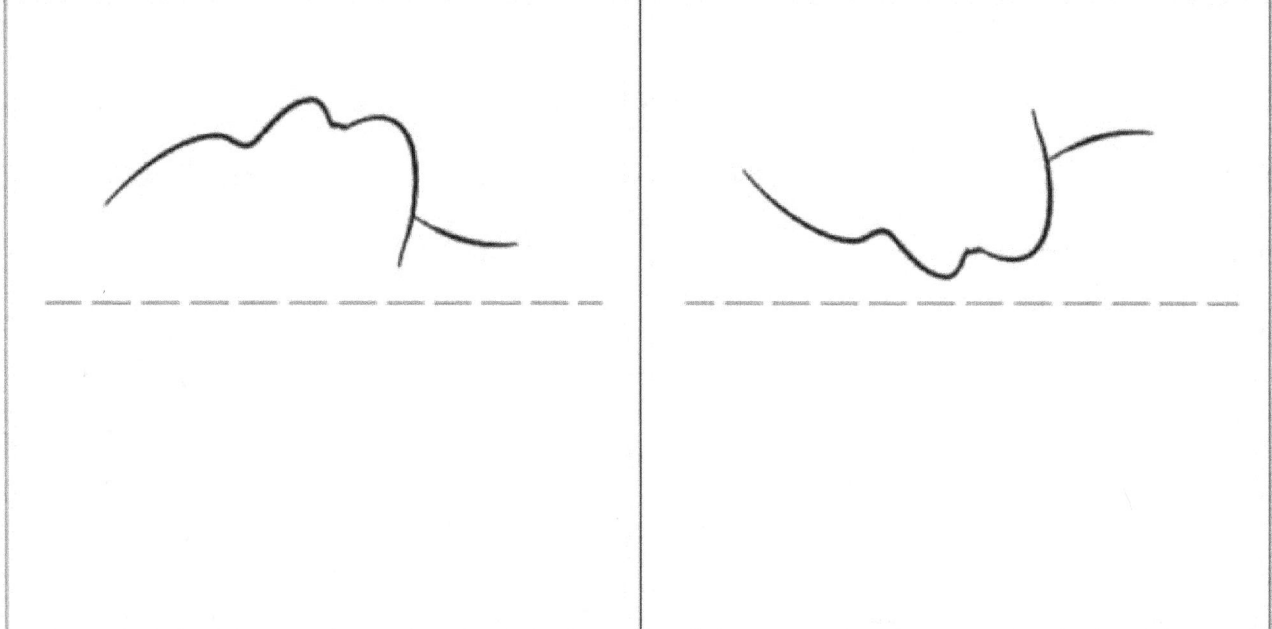

Estos y otros ejercicios para aprender a observar y mejorar tus habilidades para dibujar las puedes encontrar en el libro *"Dibuja Aprendiendo a Ver: 10 Proyectos de Dibujo"*. Diseñado para los que no lo practican con 10 proyectos que te ayudarán a iniciarte en el dibujo.

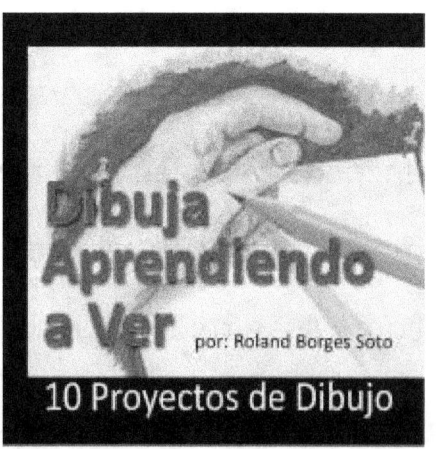

Proporciones

Al dibujar es importante que las medidas de las diferentes partes del modelo guarden proporción entre sí, que las relaciones de tamaño se ajusten en el ancho y en el alto. Así no se verá el dibujo desproporcionado, exageradamente alto o muy ancho comparado con el modelo.

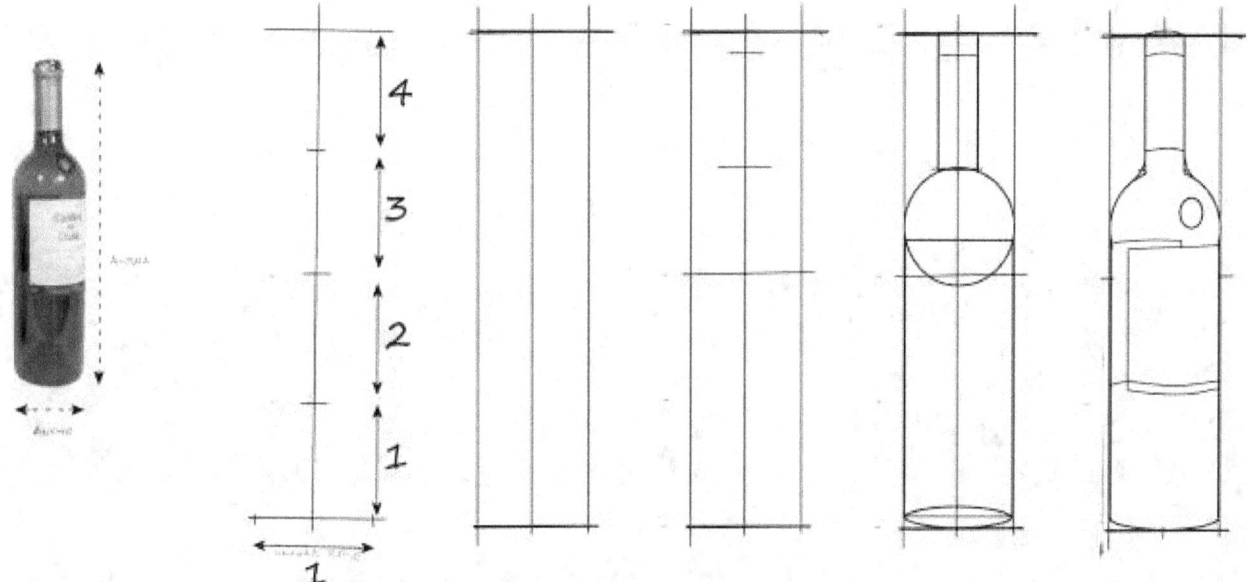

Líneas de encuadre para la proporción del modelo y sus partes

A- Coloca un objeto en una mesa, usando el brazo extendido al máximo sujeta un lápiz o pincel, cierra un ojo y alinea el lápiz con la base del objeto (*preferiblemente un objeto simétrico como una botella de vino*) marca el ancho de la base de la botella con el dedo pulgar de la mano con la que hace la medida en el lápiz o pincel. Manteniendo el brazo extendido compara esta medida que llamaremos "unidad base" con la altura de la botella. ¿Cuántas veces se repite el ancho de la base en la altura de la botella? Usaremos esta medida base para conseguir las proporciones en los objetos comparando una medida conocida con una desconocida. En el ejemplo el ancho de la botella se repite cuatro veces en su altura. Recuerda que son medidas visuales y no en pulgadas o centímetros, Siempre será más fácil si usamos como "unidad base" el tamaño más corto como el ancho de la base u otra área del modelo que desees como el ancho del cuello de la botella. Puedes cambiar de unida base si fuera necesario en cualquier momento siempre que mantengas las proporciones del modelo al hacer las comparaciones.

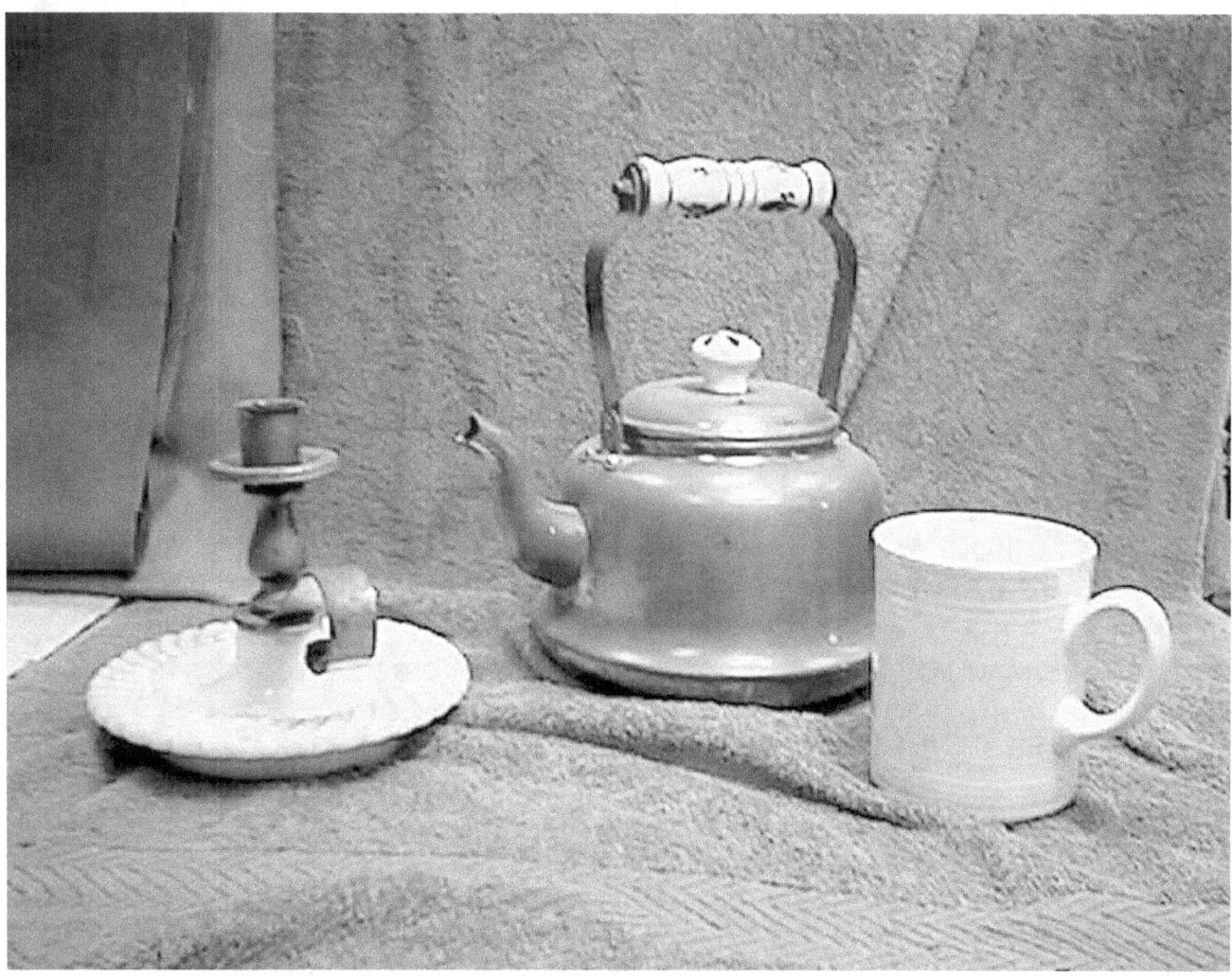

B- Coloca tres objetos de formas y tamaños diferentes en la mesa creando un buen arreglo (*composición*). Ahora dibújalos utilizando como unidad base el objeto más pequeño y compáralo con los otros dos objetos.

Has un dibujo que represente las proporciones correctas de cada objeto en el conjunto.

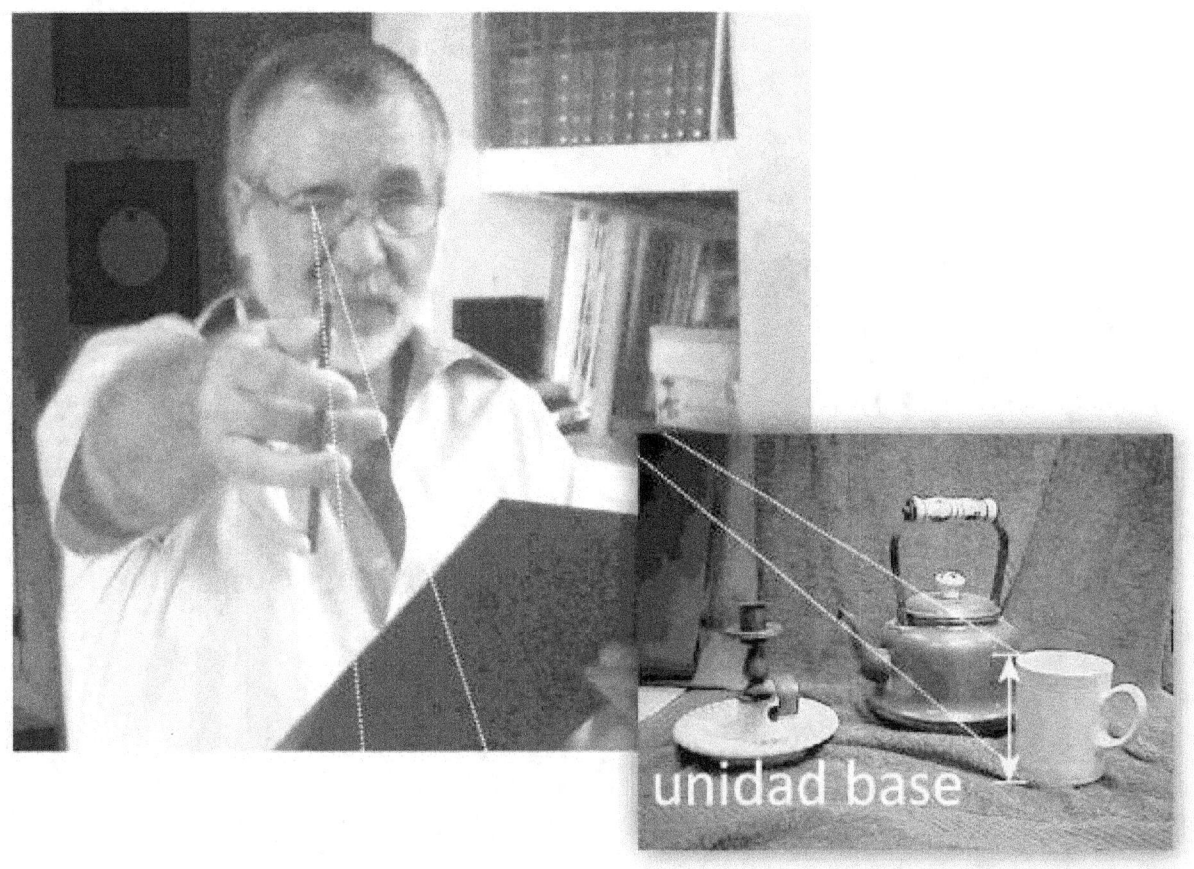

C- Practica ahora dibujándote tu mismos mirándote en un espejo. Para dibujar una cabeza bien construida es importante tener en cuenta las proporciones entre todas las partes del rostro. Utiliza como unidad base un ojo y compara todas las distancias que sean necesarias para completar tu dibujo (*el rostro es aproximadamente cinco (5) ojos de ancho*). No importa como quede si se parece o no, queremos establecer proporciones, luego tendrás tiempo para hacer tu autorretrato. Si no te atreves, te sugiero que busques una buena fotografía de alguna persona en una revista o periódico. Puedes practicar con el rostro del "David" de Miguel Ángel Buonarotti en la próxima página.

Modelo

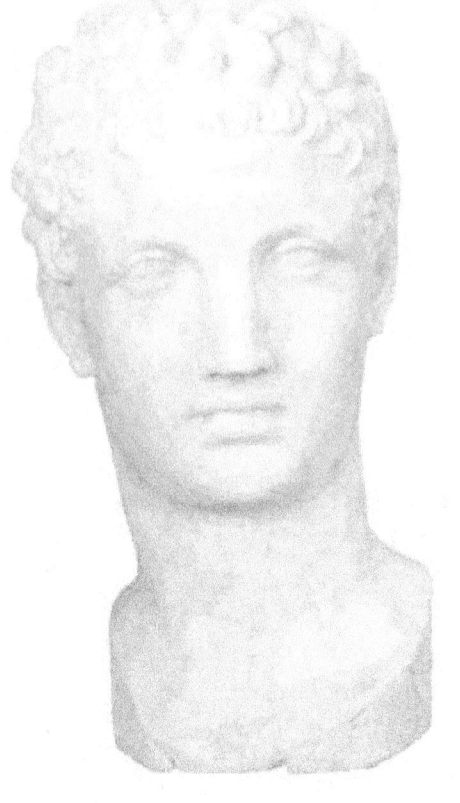

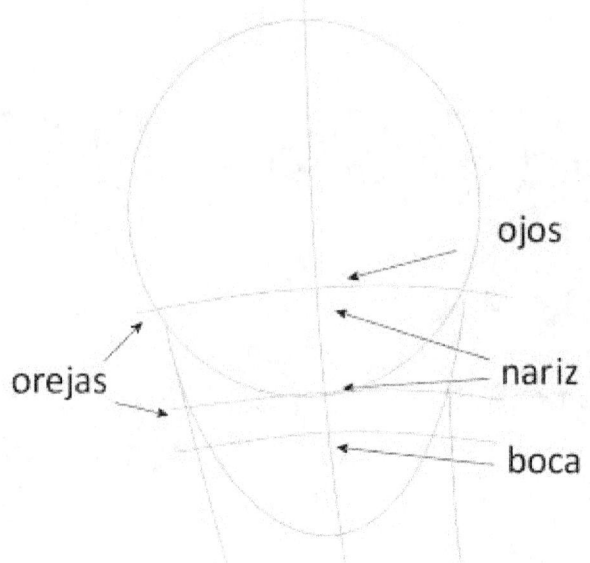

ojos
orejas
nariz
boca

Paso # 1 Establecer las medidas

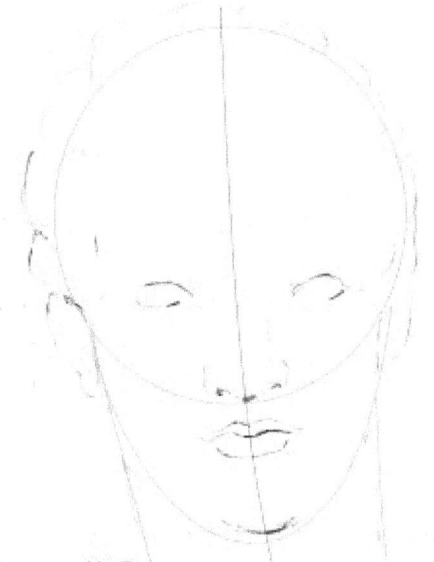

Paso # 2
Ubicar las partes del rostro

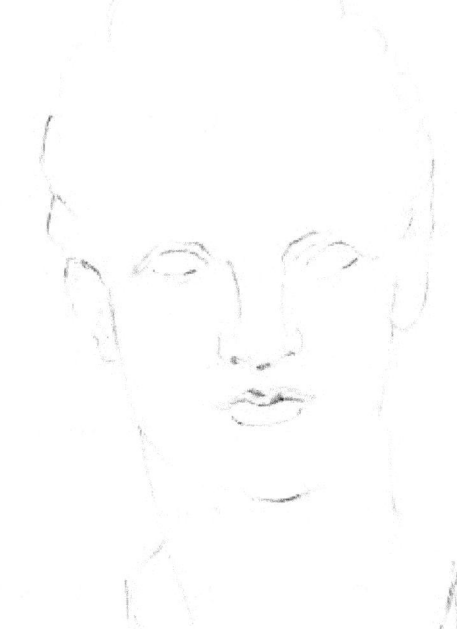

Paso # 3
Completar el dibujo de contorno

Partes del rostro humano

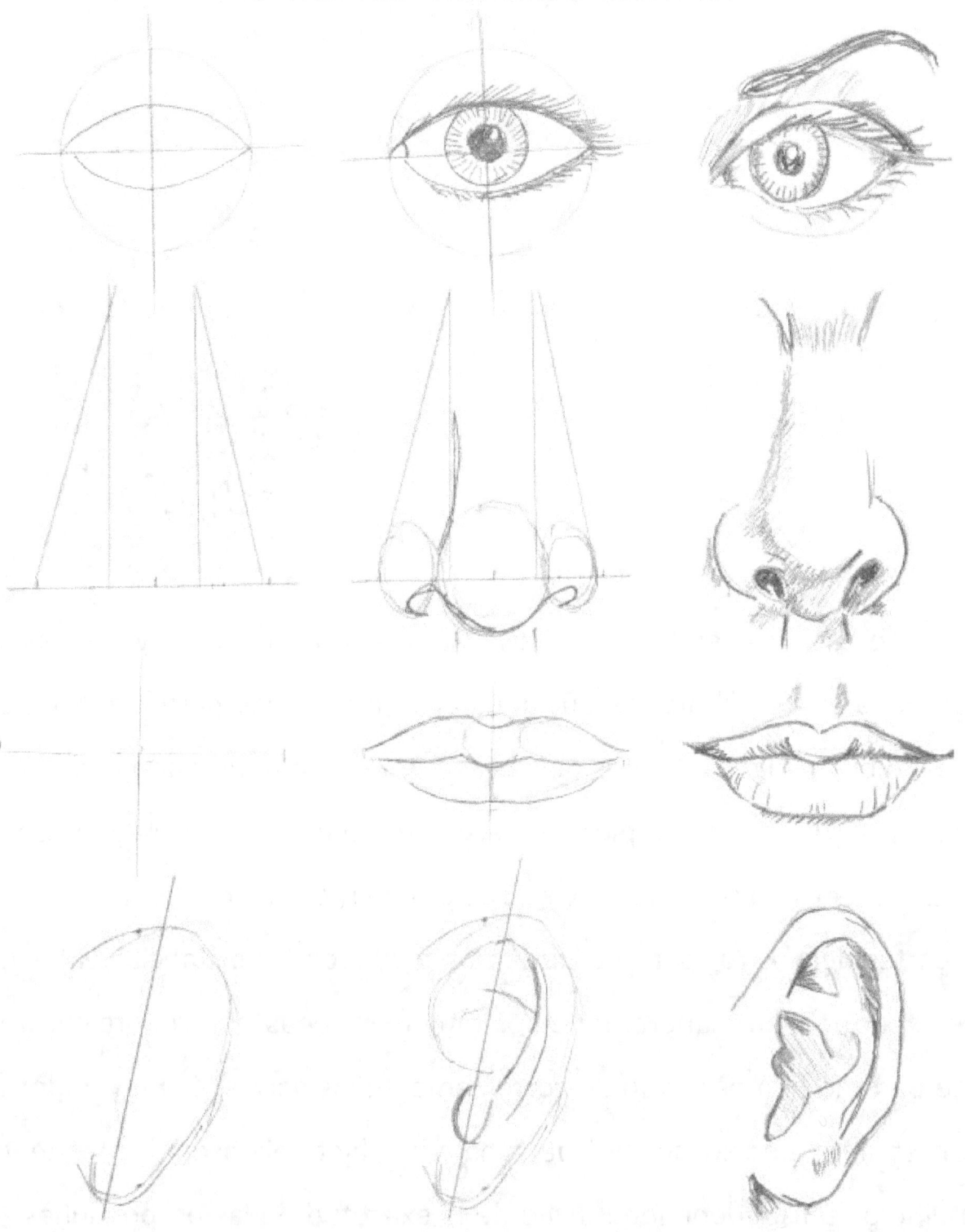

Simplifica geométricamente las partes del rostro para facilitar dibijarlas, círculos para los ojos, triángulos y círculos para la naríz, óvalos en forma de gotas para la boca y un letra [C] para las orejas.

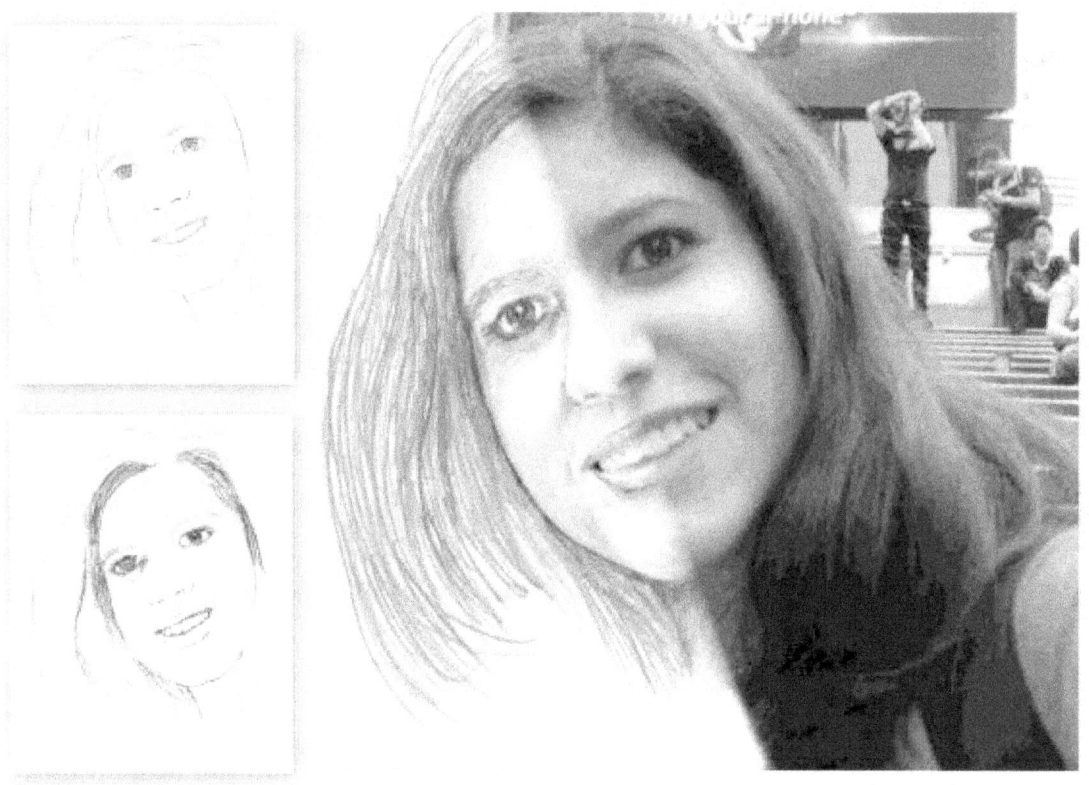

Uno de los errores básicos en los principiantes y en algunos profesionales del dibujo, es que tienden a dibujar las partes antes que el todo y dibujan algunas partes demasiado grandes o demasiado pequeñas en relación con la forma completa. A veces escuchamos esta sonada frase "ese es fulano, pero no se parece" y es que posiblemente o retratamos muy bien las partes del rostro pero no ubicamos muy bien las distancias entre ellas. Puede ser de otra manera, tenemos muy bien todas las proporciones en el todo pero no hemos retratado correctamente las partes. Es muy importante al observar el modelo, sea una persona o un objeto el observar con atención. Un dibujo realista depende mucho de la exactitud de las proporciones ¿qué la distingue de otra?, ¿cómo comparan sus partes entre sí? Recuerda que debes trabajar del todo a las partes, primero la forma de la cabeza y luego las partes del rostro con sus detalles.

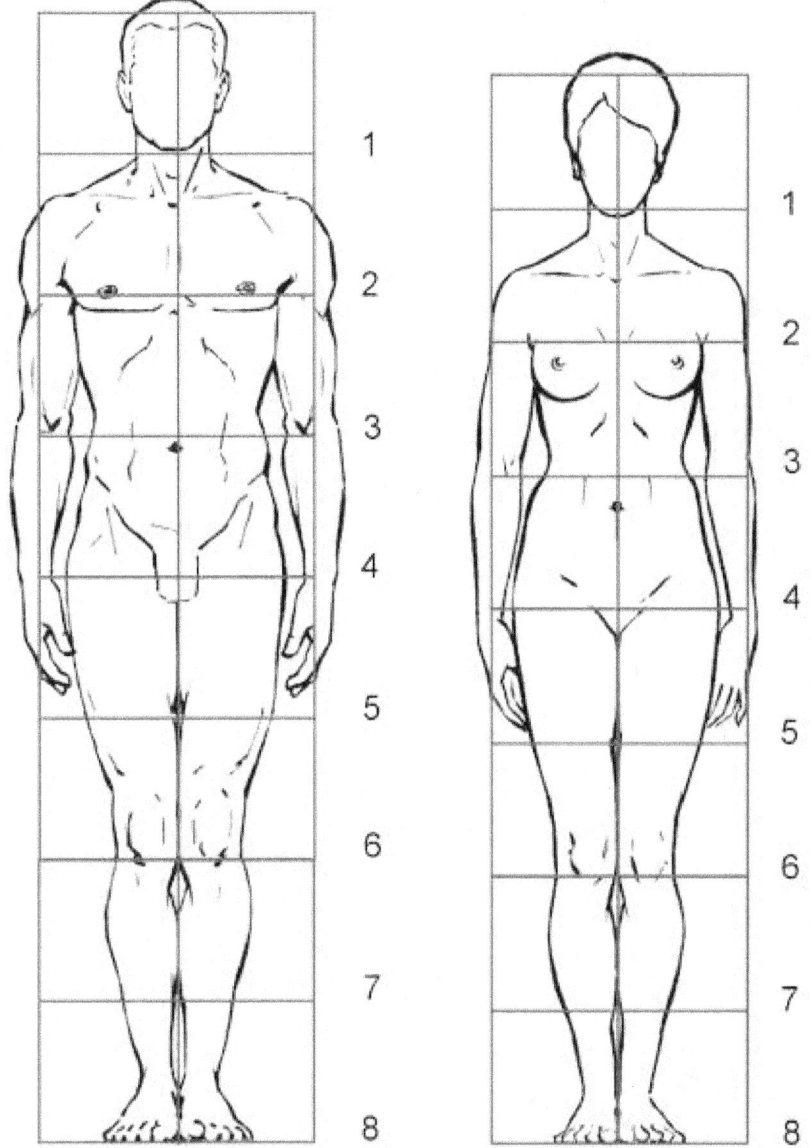

Si partimos de la medida del largo de la cabeza y la relacionamos con su cuerpo, descubriremos que la altura normal de un hombre o de una mujer es poco más de 7 1/2 veces la altura de su cabeza. Redondearemos a 8 cabezas para idealizar la figura en el dibujo artístico.

En la proporciones de la figura femenina también usaremos la altura de 8 cabezas, pero tomando en cuenta que la cabeza de la mujer es mucho más pequeña. Esto nos ayudará a entender mejor las formas humanas. Las líneas de la figura femenina distinta al hombre son más redondeadas.

La Figura Humana

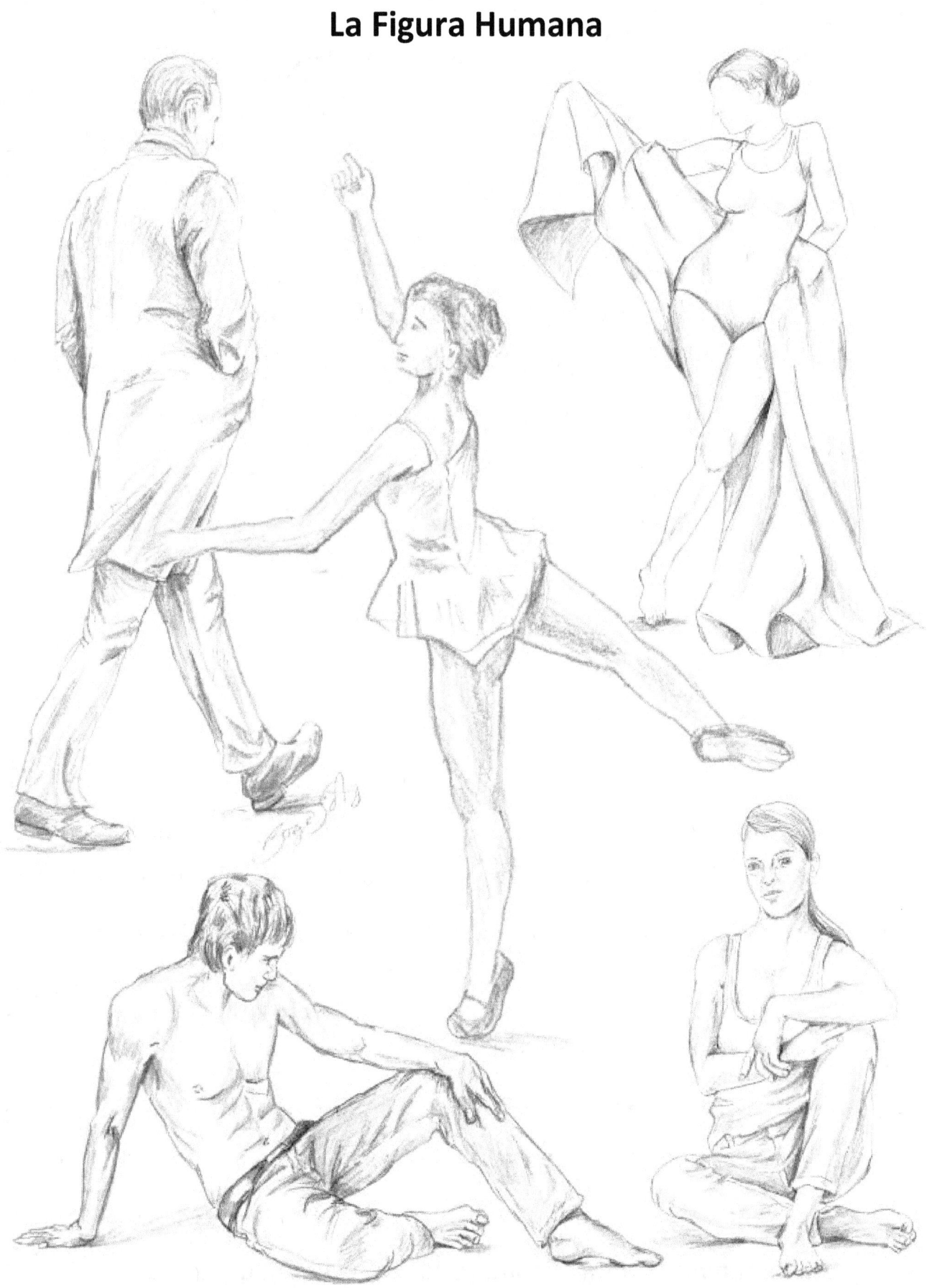

El Espacio y la Profundidad

Para poder dibujar los objetos que parezcan penetrar en nuestra superficie de dibujo plana y que podamos observar alto, ancho y profundidad, tenemos que ayudarnos con las reglas de la perspectiva. Esta es una ciencia algo complicada y no es necesario que la entendamos del todo ahora. Si debemos saber que las cosas se ven más pequeñas si se alejan de nosotros. Que los objetos dibujados más arriba de la línea base parecen estar más atrás. Que las líneas paralelas o que indican la profundidad, según se van alejando parecen juntarse en algún punto. Si aplicamos algunos de estos conocimientos, nuestro dibujo mejorará de manera notable. Esto nos ayudará por el momento. Observa con detenimiento la ilustración.

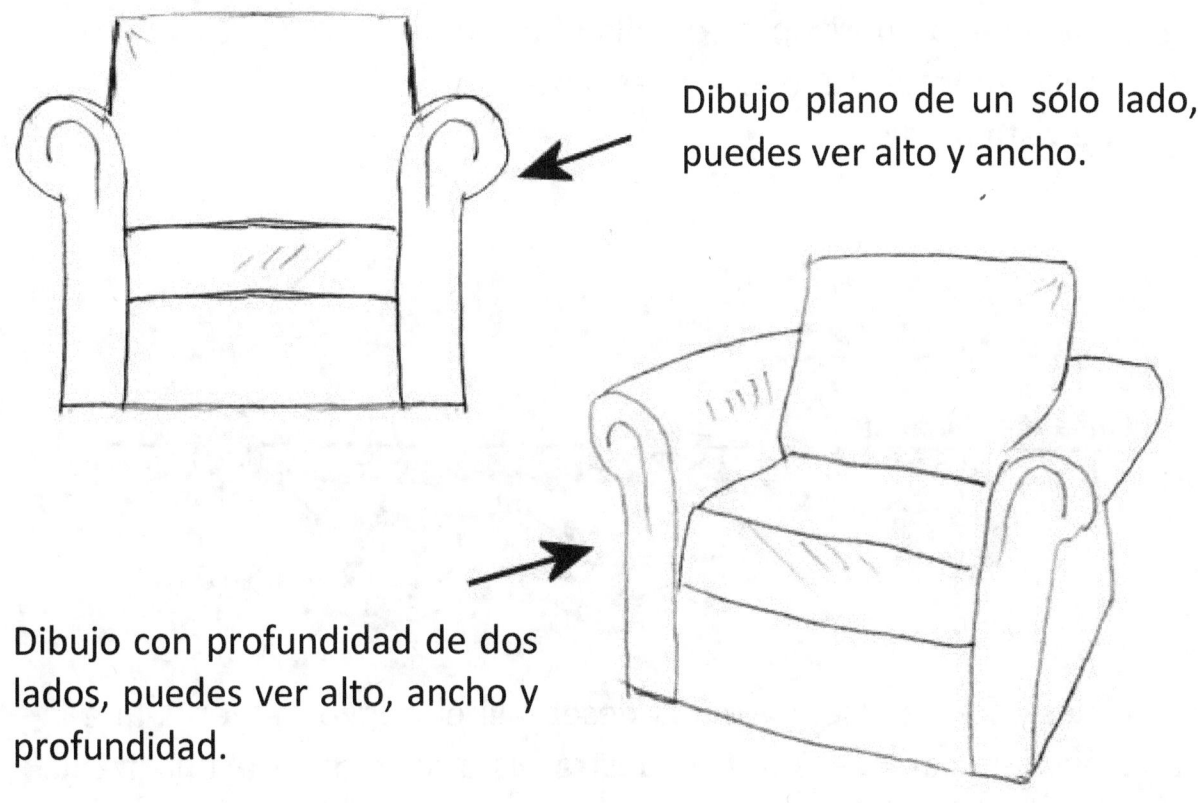

Dibujo plano de un sólo lado, puedes ver alto y ancho.

Dibujo con profundidad de dos lados, puedes ver alto, ancho y profundidad.

PERSPECTIVA

Llamamos Línea del Horizonte (LH) la que a la altura de nuestros ojos, indica el término más lejano con relación a la base del dibujo.

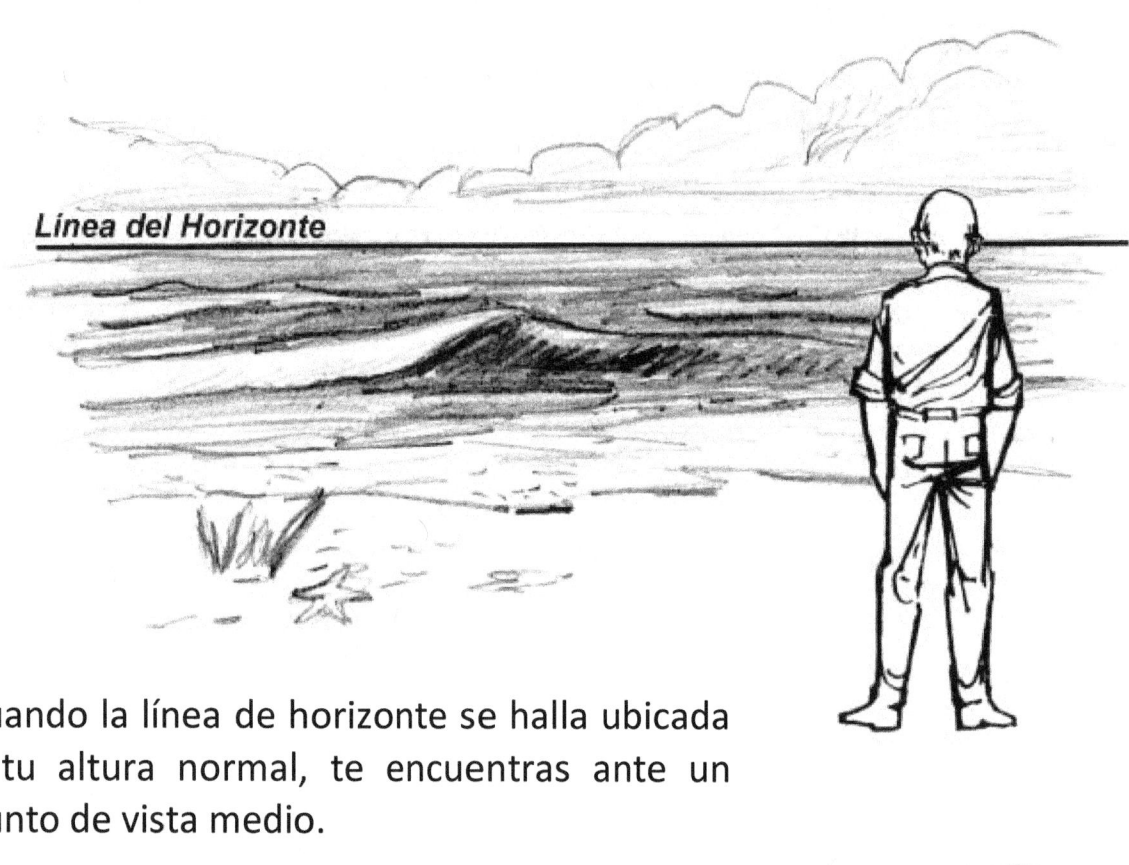

Cuando la línea de horizonte se halla ubicada a tu altura normal, te encuentras ante un punto de vista medio.

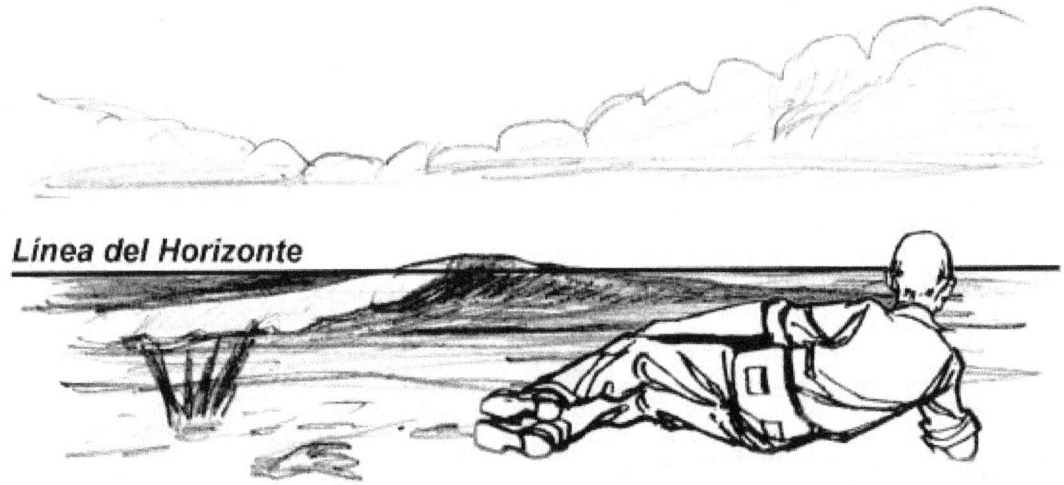

Si te acuestas en el suelo y miras desde allí el horizonte verás que la extensión del mar que abarca nuestra vista se reduce a una franja estrecha y la línea del horizonte ha bajado contigo. Estás en un punto de vista bajo.

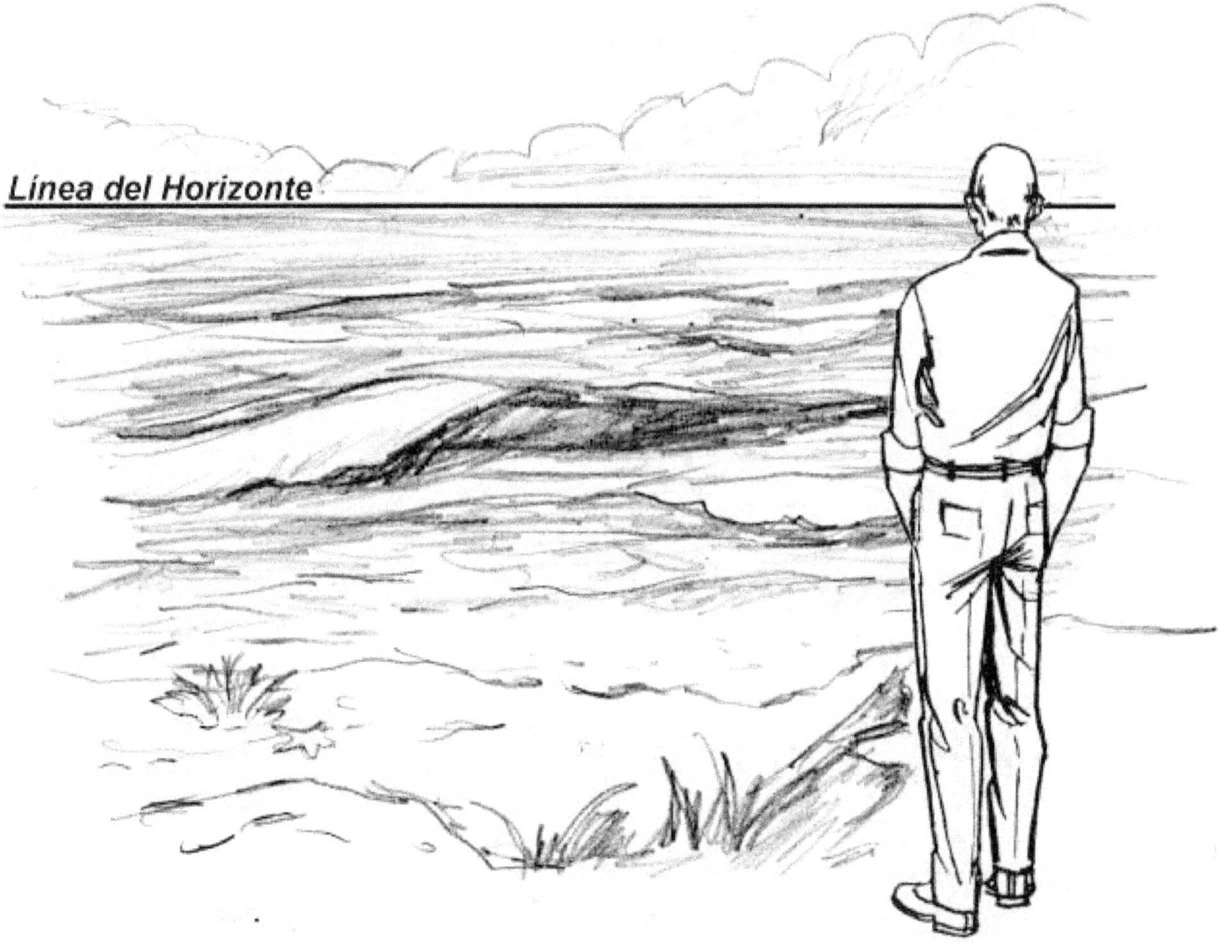

Línea del Horizonte

Si subes a un acantilado y miras desde allí el horizonte verás que la extensión del mar que abarca nuestra vista se amplía a una superficie mayor y la línea del horizonte ha subido contigo. Estás en un punto de vista alto.

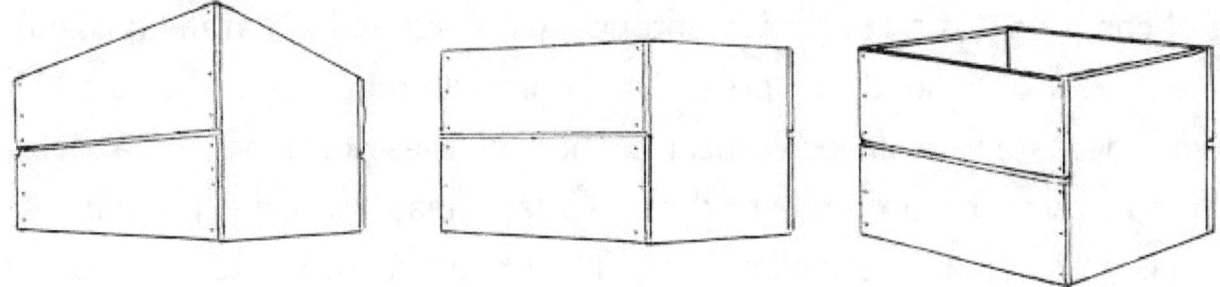

Este efecto en el dibujo cuando cambiamos de posición y altura lo llamamos perspectiva. Desde que altura miramos *(nuestro nivel de la vista)*, de que punto de vista o posición miramos en relación al objeto *(derecha, centro, izquierda)*, cuantos lados del objeto vemos a un tiempo.

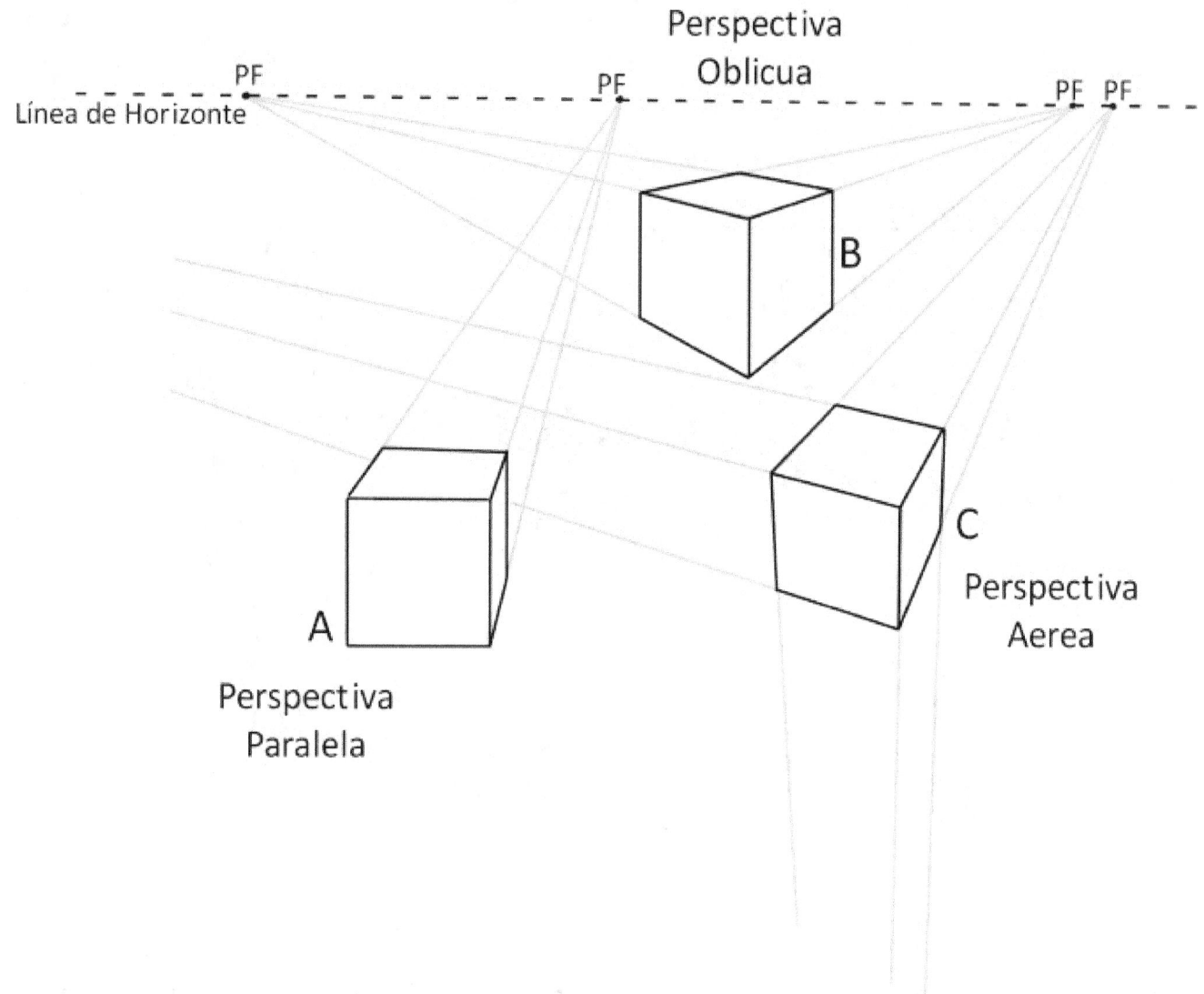

La perspectiva de un modelo cambia de forma diferente según te ubicas ante él como vemos en la gráfica anterior. **(A) Perspectiva Paralela**: cuando las líneas de profundidad convergen en el punto de fuga (PF) que es también tu punto de vista y las líneas verticales y horizontales permanecen paralelas. **(B) Perspectiva Oblicua**: En este caso sólo las líneas verticales permanecen paralelas y las demás líneas convergen en sus respectivos puntos de fuga, no importa donde estés con relación a la línea de horizonte. **(C) Perspectiva Aérea**: Si te ubicas desde una posición bien alta, verás que ninguna de las líneas es paralela entre sí y que éstas convergen en sus respectivos puntos de fuga. El tercer punto de fuga puede estar localizado bajo el suelo o en el espacio si el punto de vista es muy bajo.

Antes de iniciar tu dibujo debes investigar el nivel visual. Este estudio de perspectiva del interior de una habitación es desde un nivel visual normal.

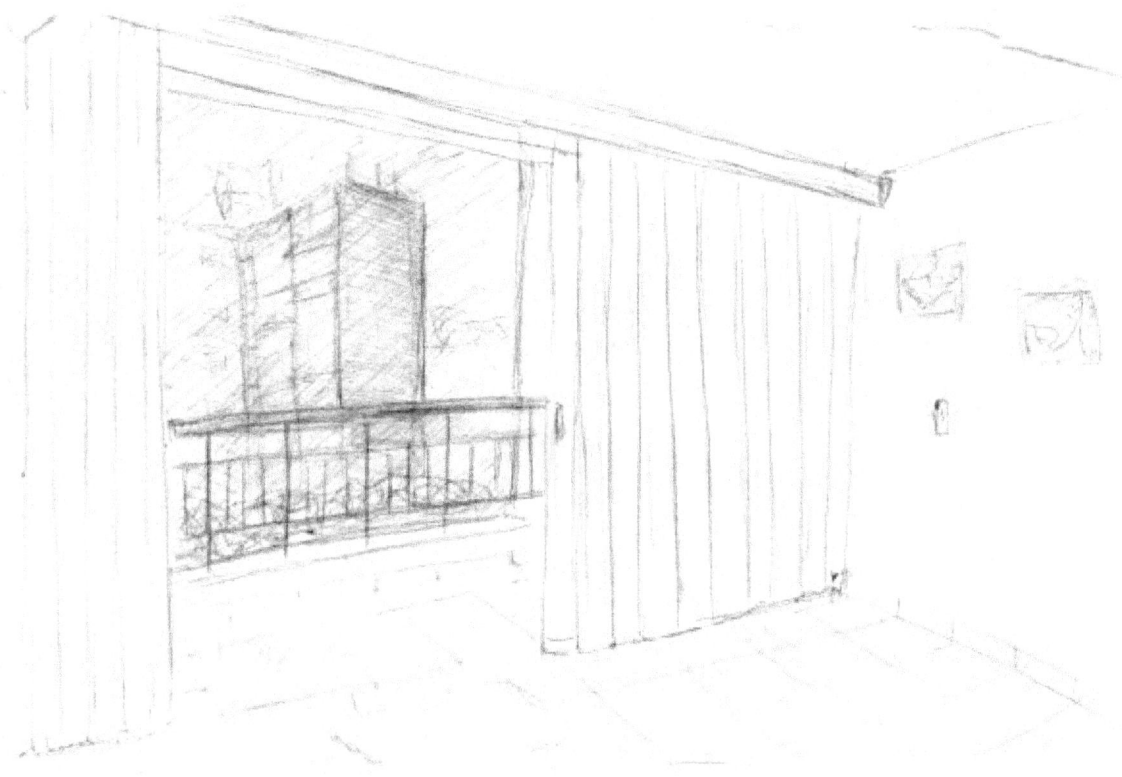

El próximo dibujo es desde un nivel visual bajo.

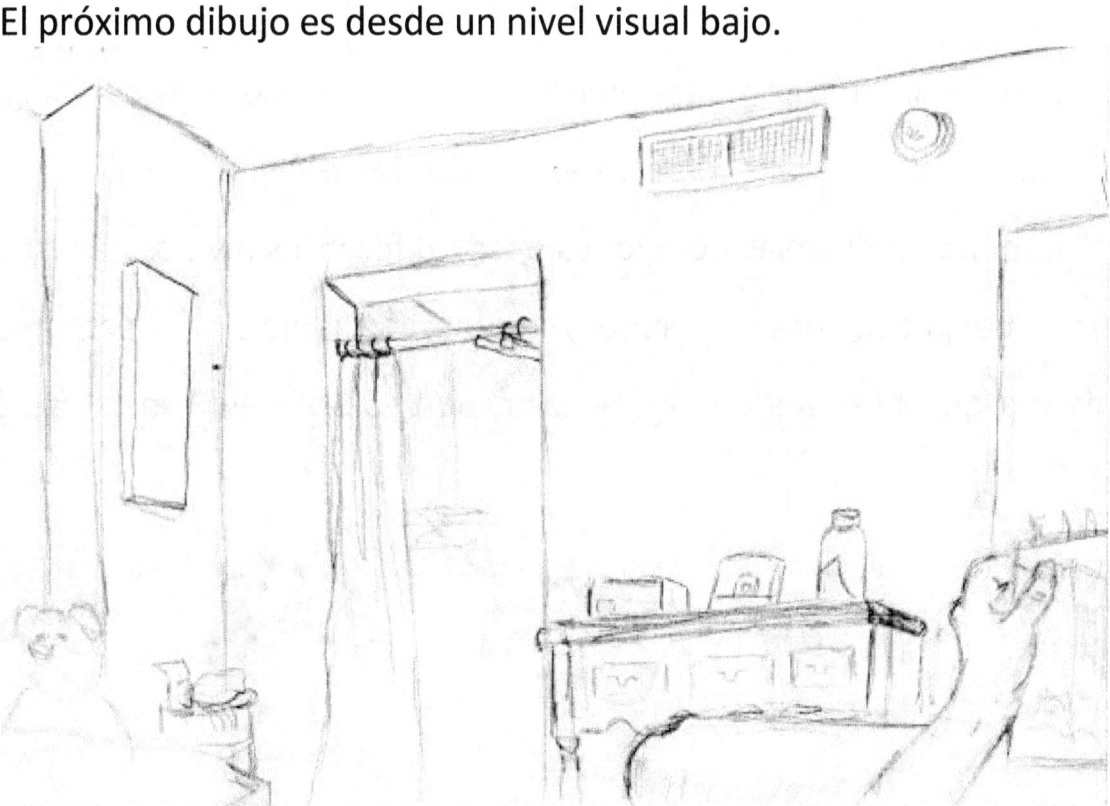

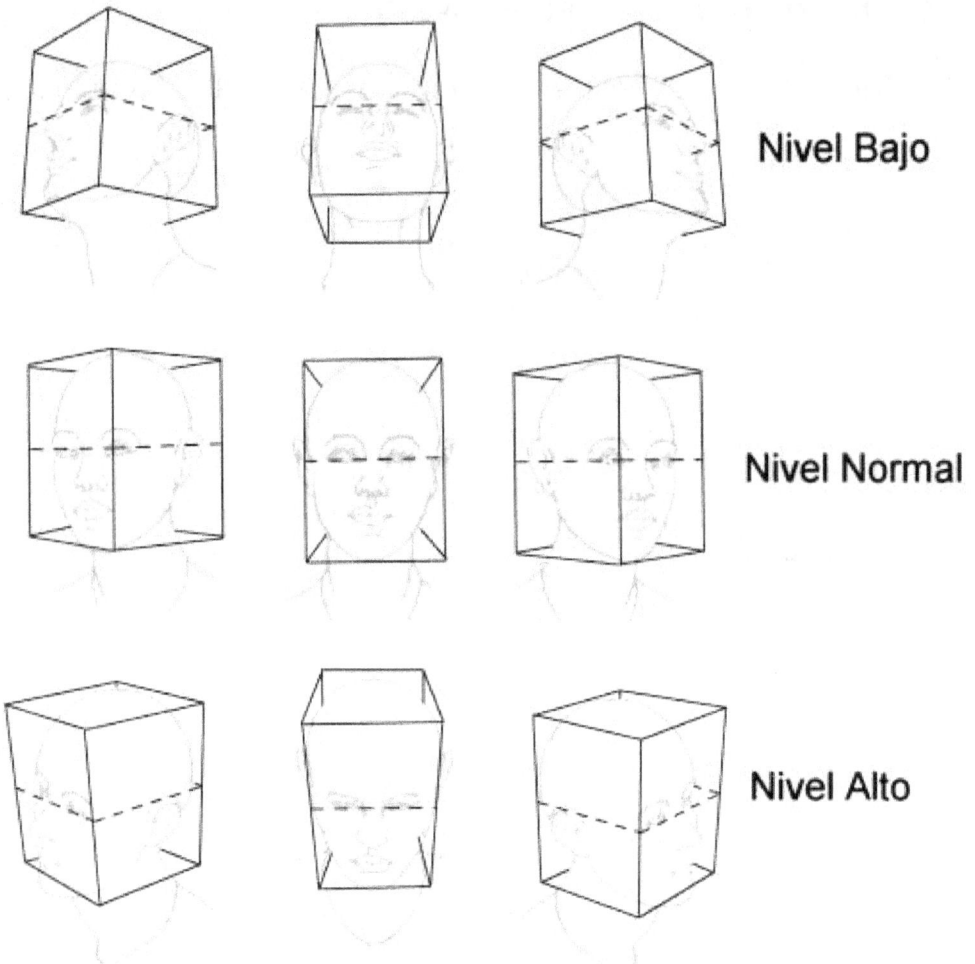

Nivel Bajo

Nivel Normal

Nivel Alto

La figura humana, como los objetos, cabe dentro de una caja imaginaria y se dibuja en perspectiva. Observa en los siguientes ejemplos cómo luce la cabeza humana en diversas posiciones desde diferentes niveles de vista. Si te interesa saber más sobre la perspectiva y cómo dibujarla correctamente te recomiendo que busques en la Colección Borges Soto el libro "*Descubre la Perspectiva*".

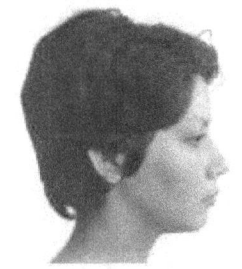 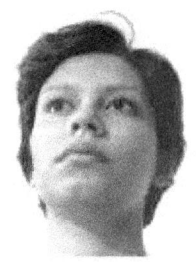 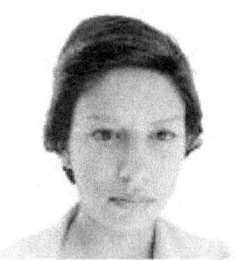 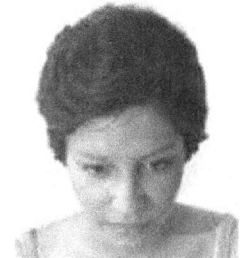 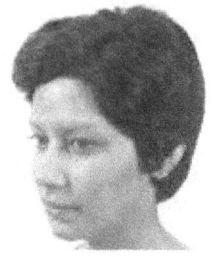

Comienza a Dibujar

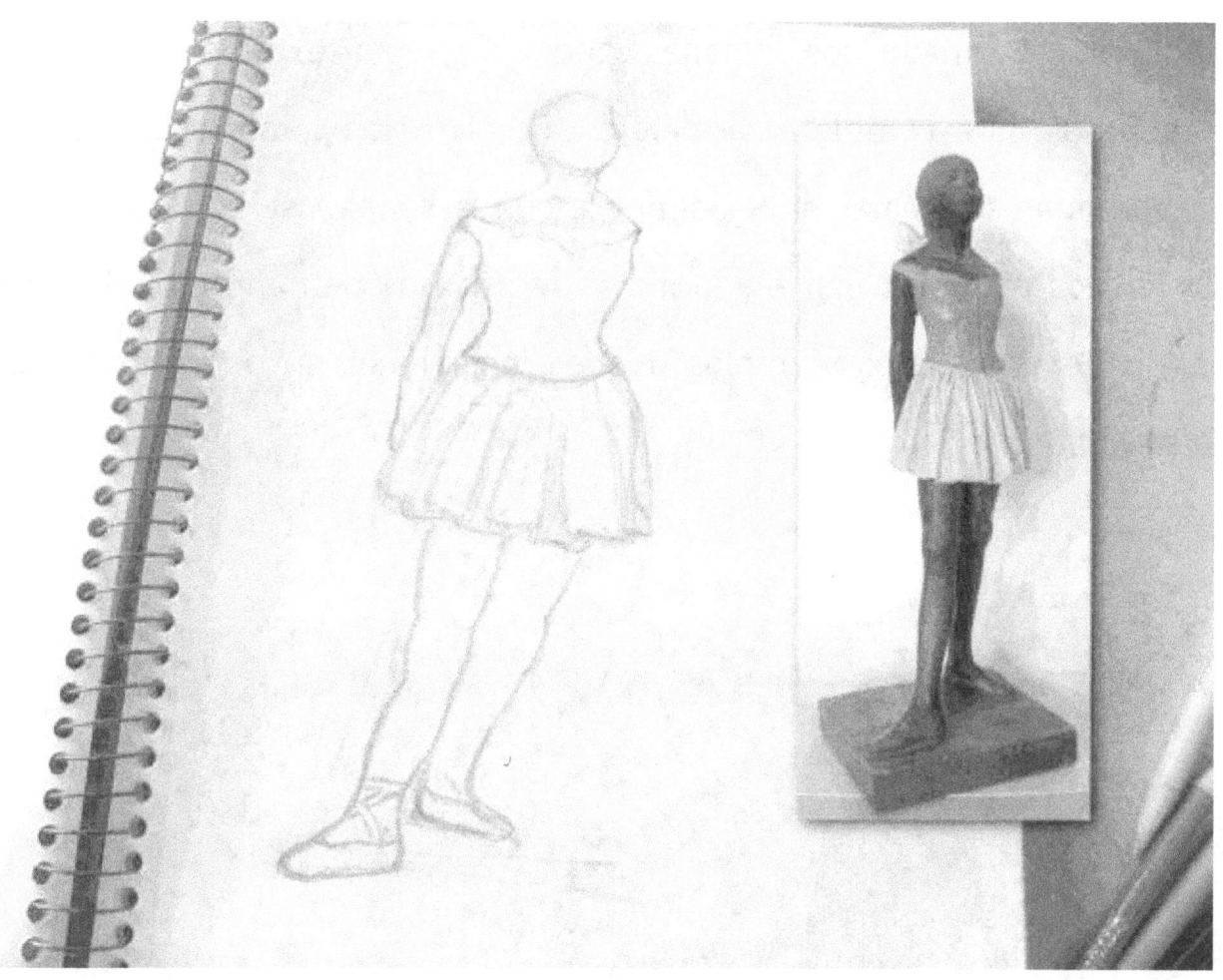

Un magnifico ejercicio para un dibujante que no tiene disponible un modelo en vivo, es valerse de la ayuda de un maniquí de madera de la figura humana o utilizar alguna escultura de referencia. El modelo tridimensional te ayuda a entender el espacio y traducir las dimensiones a tu dibujo. El efecto de profundidad lo consigues con las reglas de perspectiva que ya hemos mencionado y entonando o sombreados vas creando el volumen. En la gráfica anterior te muestro un ejercicio de un estudiante dibujando una bailarina de ballet usando de modelo una escultura del pintor impresionista Edgar Degas (1834-1917).

En los próximos dibujos sigue las técnicas aprendidas: comienza con el esquemático geométrico, luego refina las líneas de contorno para dar forma y por último añade los detalles pequeños, las texturas, las luces y sombreados para completar el dibujo. Los ejemplos están diseñados para que aprendas a trabajar principalmente con la simplificación de las formas básicas. Los ejemplos van en forma progresiva aumentando en dificultad. Cuando domines estos ejemplos puedes incursionar en otros libros de la *"Colección Borge Soto"*.

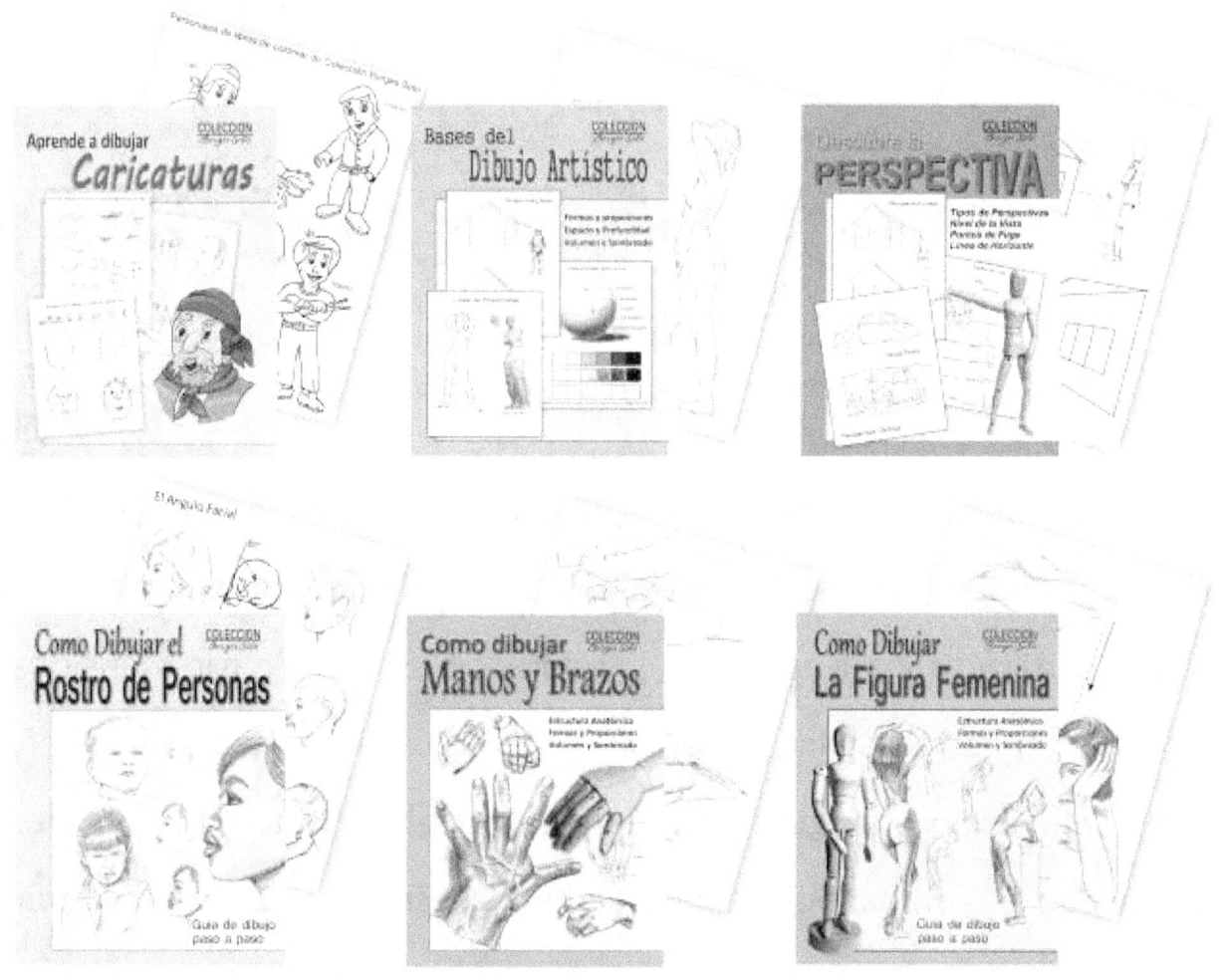

Estos son algunos de los temas que te ayudarán a mejorar en tus dibujos. Búscalos en tu librería favorita, tienda de arte o en Amazon.com

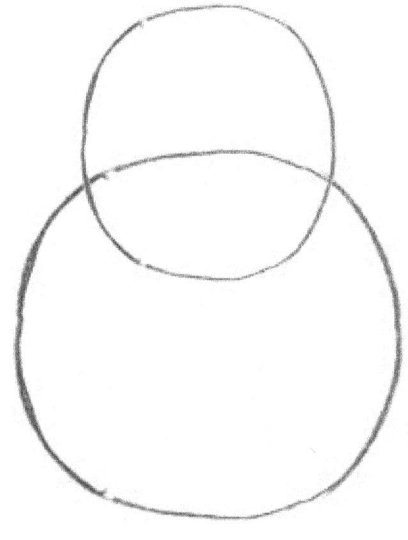
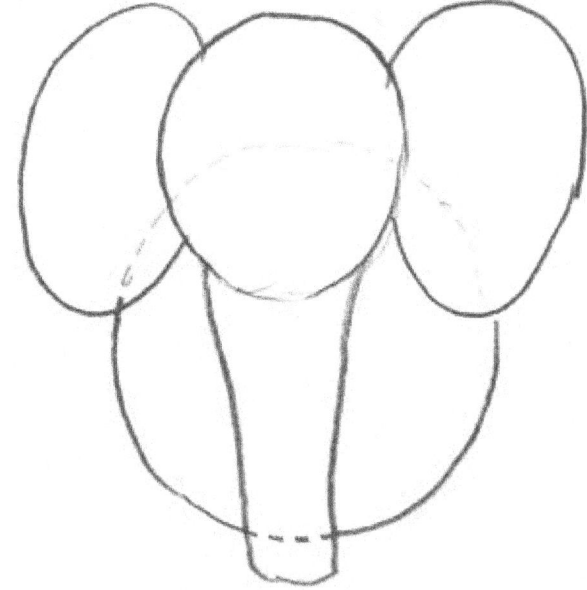

Dibuja un círculo grande para el cuerpo y un círculo más pequeño arriba para la cabeza.

Posiciona la trompa con líneas diagonales debajo de la cabeza. Dibuja las orejas con óvalos.

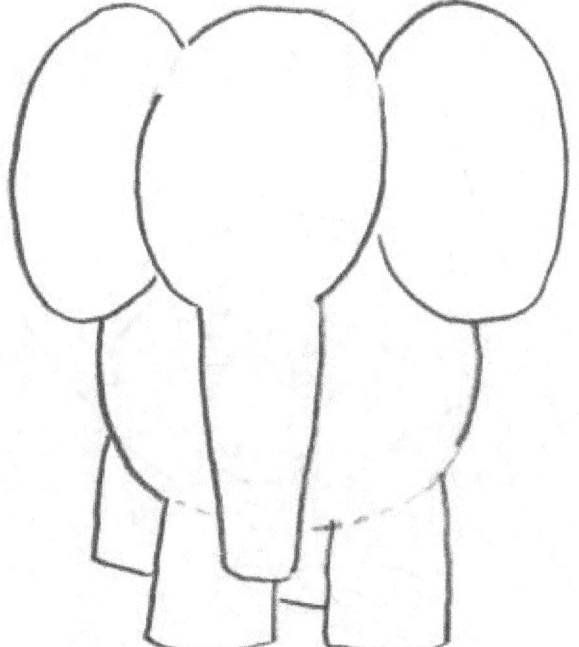
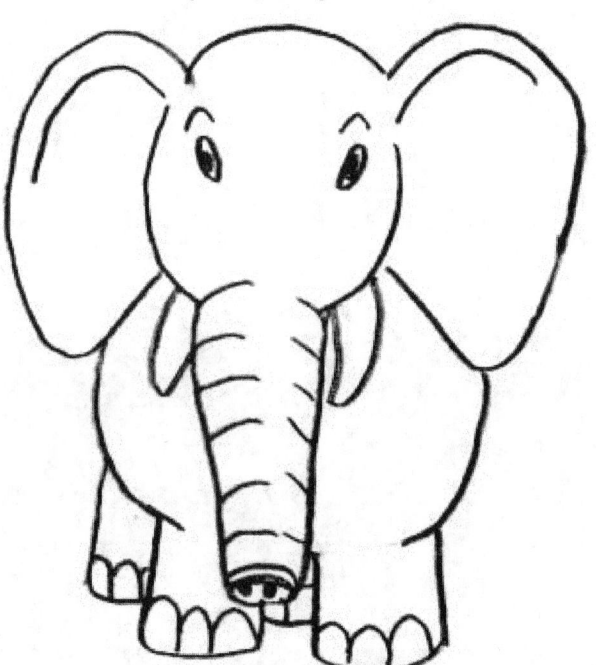

Borra las líneas de guía y dibuja las líneas para las patas.

Acentúa presionando más el lápiz para corregir la forma y añade los detalles para dar realismo a la figura.

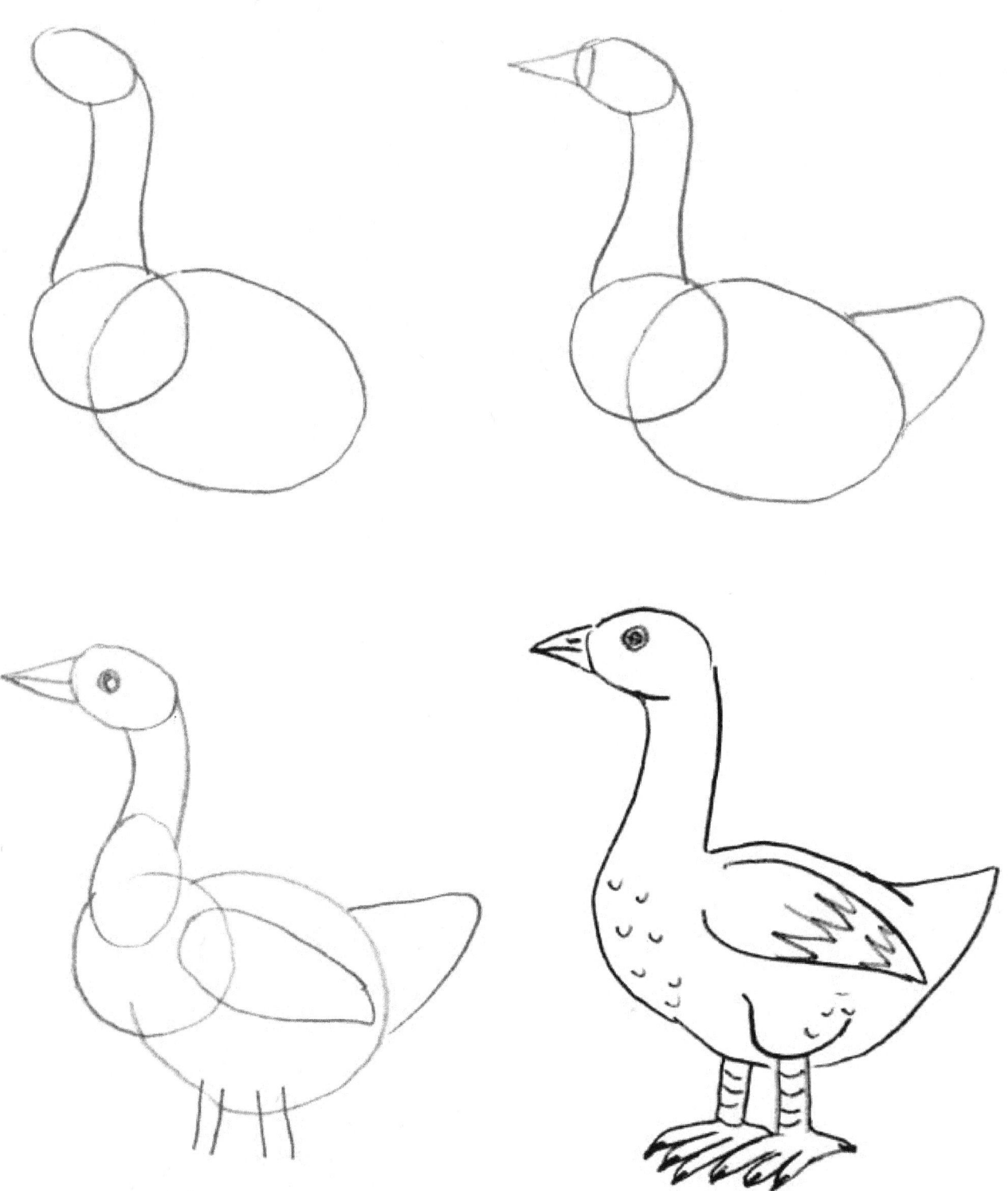

1- Dibuja el esquema del cuerpo sólo con círculos y óvalos.
2- Añade un triángulo para el pico y cola.
3- Ubica las líneas para las patas y el pico.
4- Mejora las líneas presionando más el lápiz y completa los detalles para dar realismo a la figura.

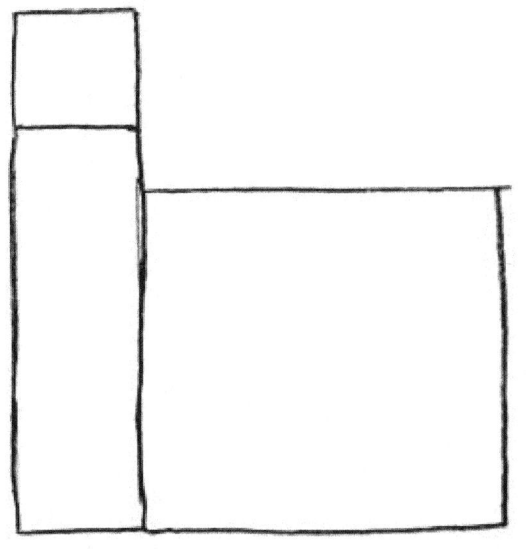
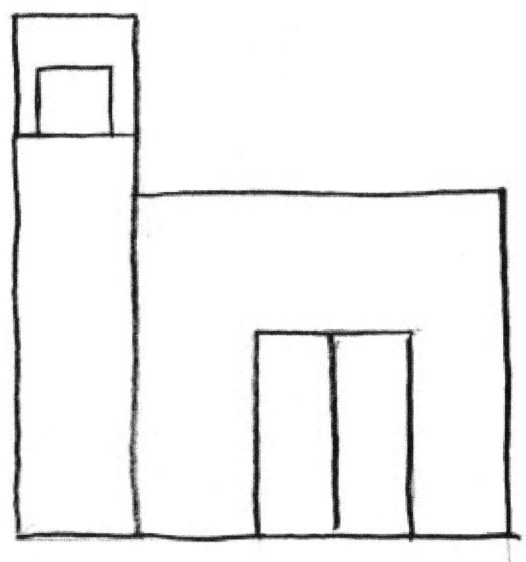
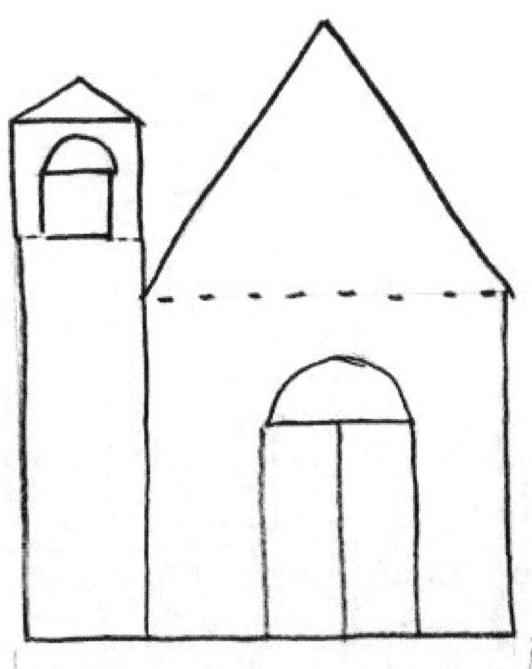
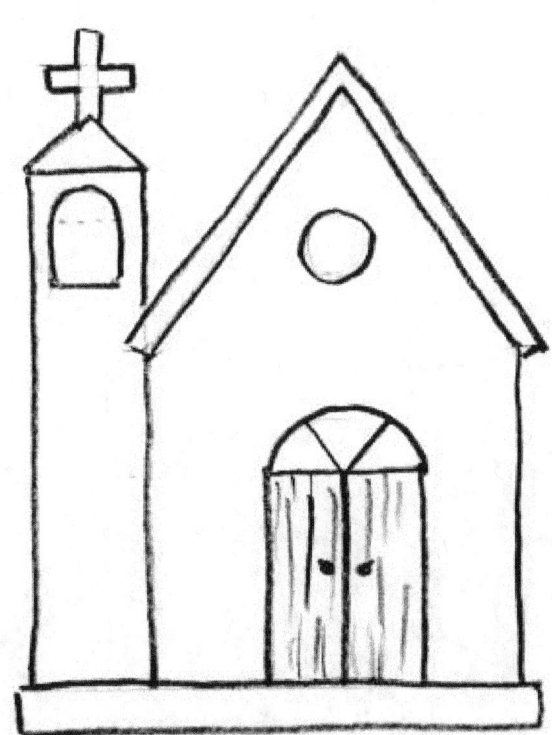

1- Dibuja suavemente el esquema de un cuadrado y añade luego un rectángulo y un cuadrado según se ilustra.
2- Posiciona un cuadrado pequeño y dos rectángulos para la torre y la puerta.
3- Añade dos triángulos para los techos y medio círculo sobre los rectángulos que ubican la puerta y la ventana.
4- Mejora las líneas presionando más el lápiz y completa los detalles para dar realismo a la capilla.

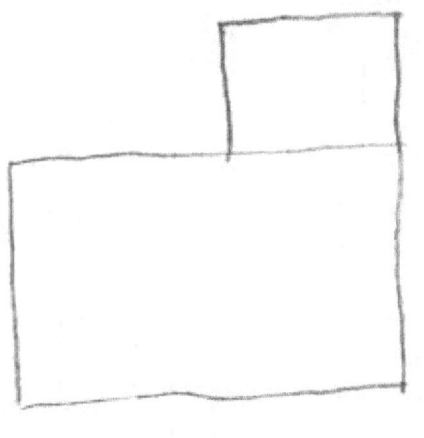 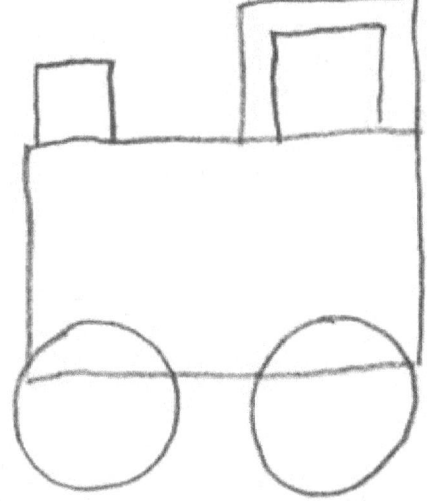

1- Dibuja suavemente un rectángulo y añade luego un rectángulo más pequeño arriba según se ilustra.
2- Posiciona dos círculos para las ruedas y dos cuadrados pequeños para la chimenea y la ventana.

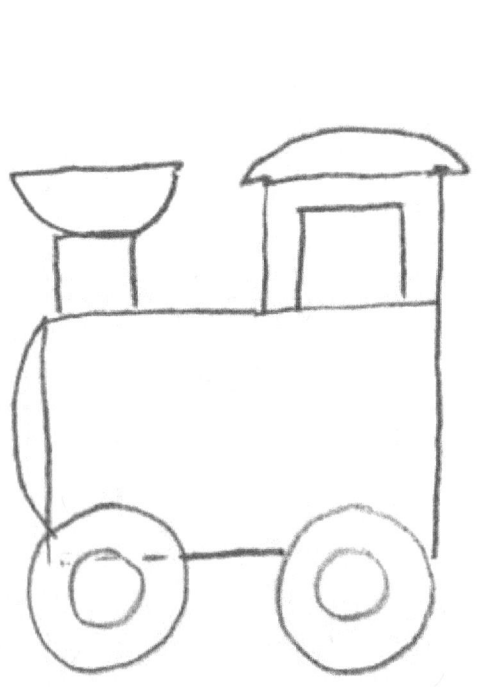 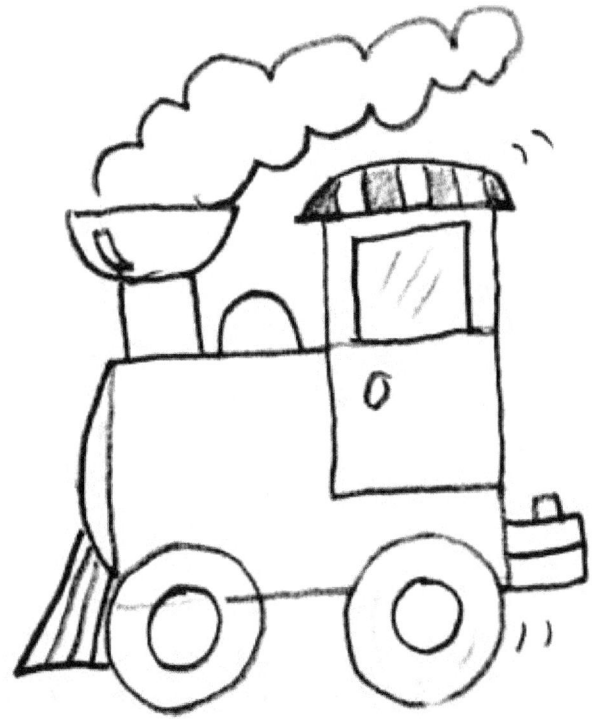

3- Añade medios círculos para el techo, chimenea y la máquina. Dibuja dos círculos para los centros de las ruedas.
4- Traza con líneas irregulares el humo de la chimenea y completa los detalles para dar realismo al tren.

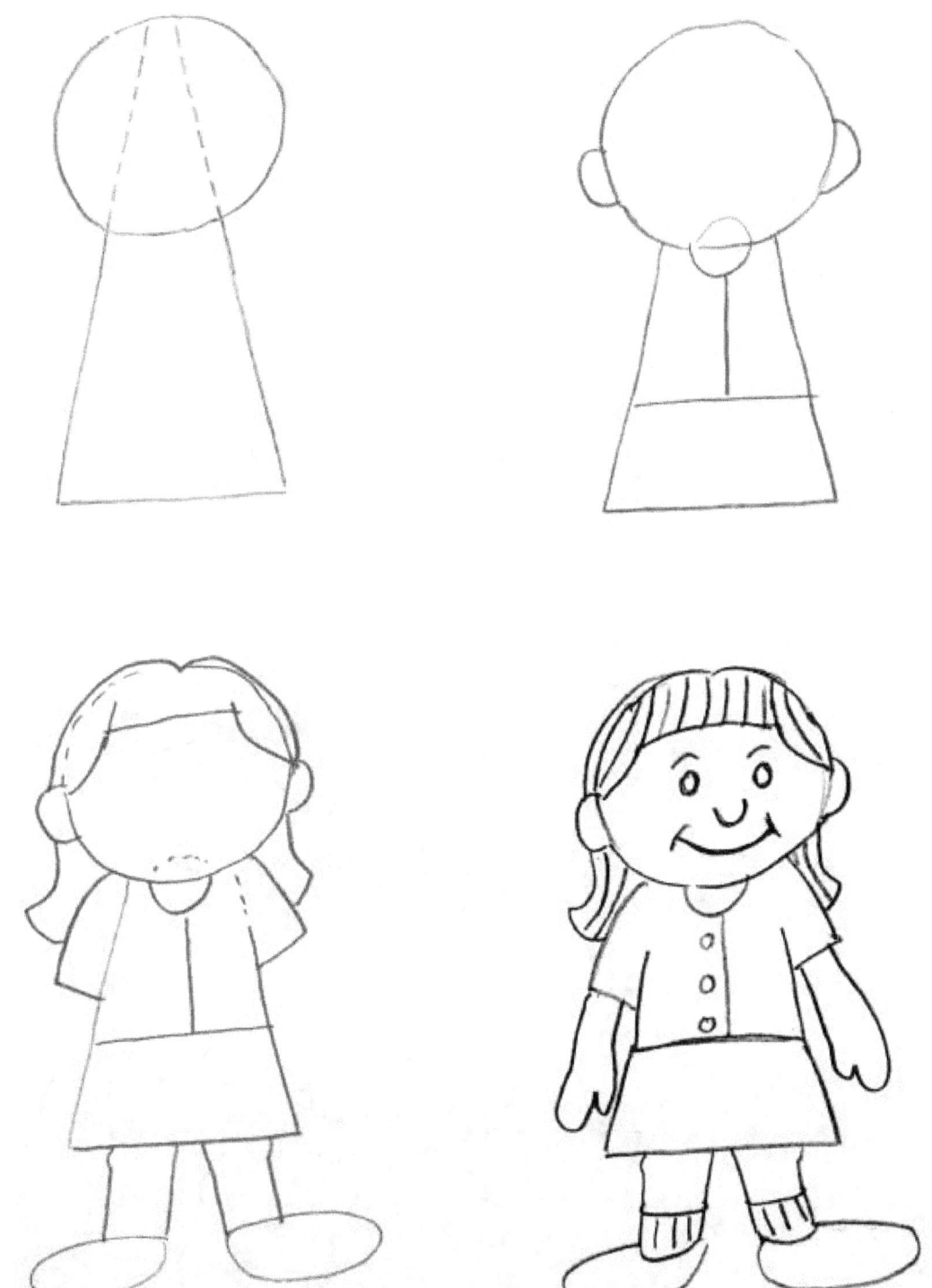

1- Comienza el esquema con una pirámide alargada y un círculo en la parte superior como se ilustra.
2- Posiciona las orejas y el cuello de la blusa. Divide con líneas rectas la cintura y la blusa según el esquema.
3- Borra las líneas entrecortadas y añade el pelo con líneas curvas y con óvalos los zapatos.
4- Presiona más el lápiz para definir la forma y completa los detalles expresión para dar realismo al personaje.

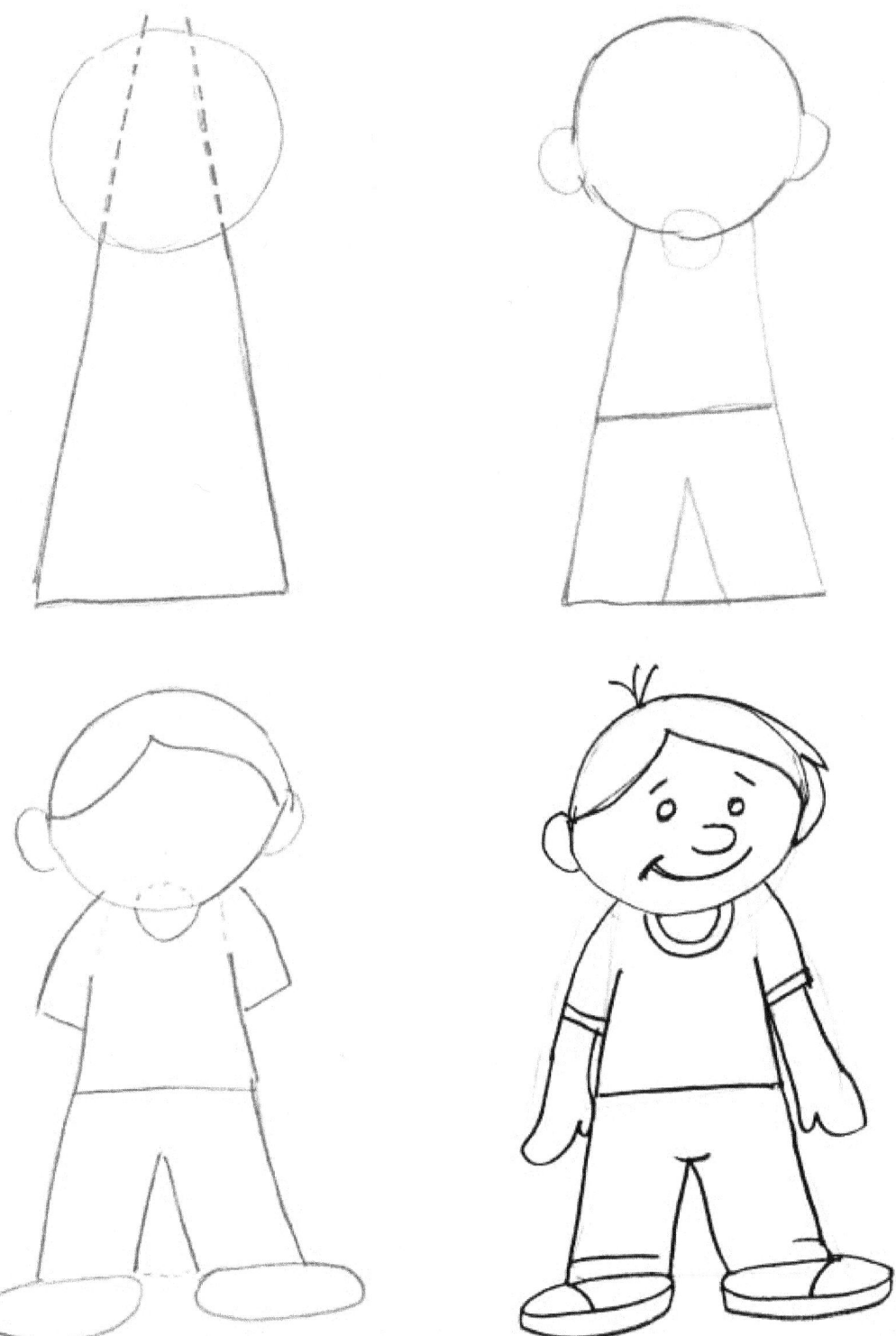

1- Comienza el esquema con una pirámide alargada y un círculo en la parte superior como se ilustra.
2- Posiciona las orejas y el cuello de la camisa. Divide con línea recta la cintura y para el pantalón usa un triángulo.
3- Borra las líneas entrecortadas y añade el pelo con líneas curvas y con óvalos los zapatos.
4- Presiona más el lápiz para definir la forma y completa los detalles de expresión para dar realismo al personaje.

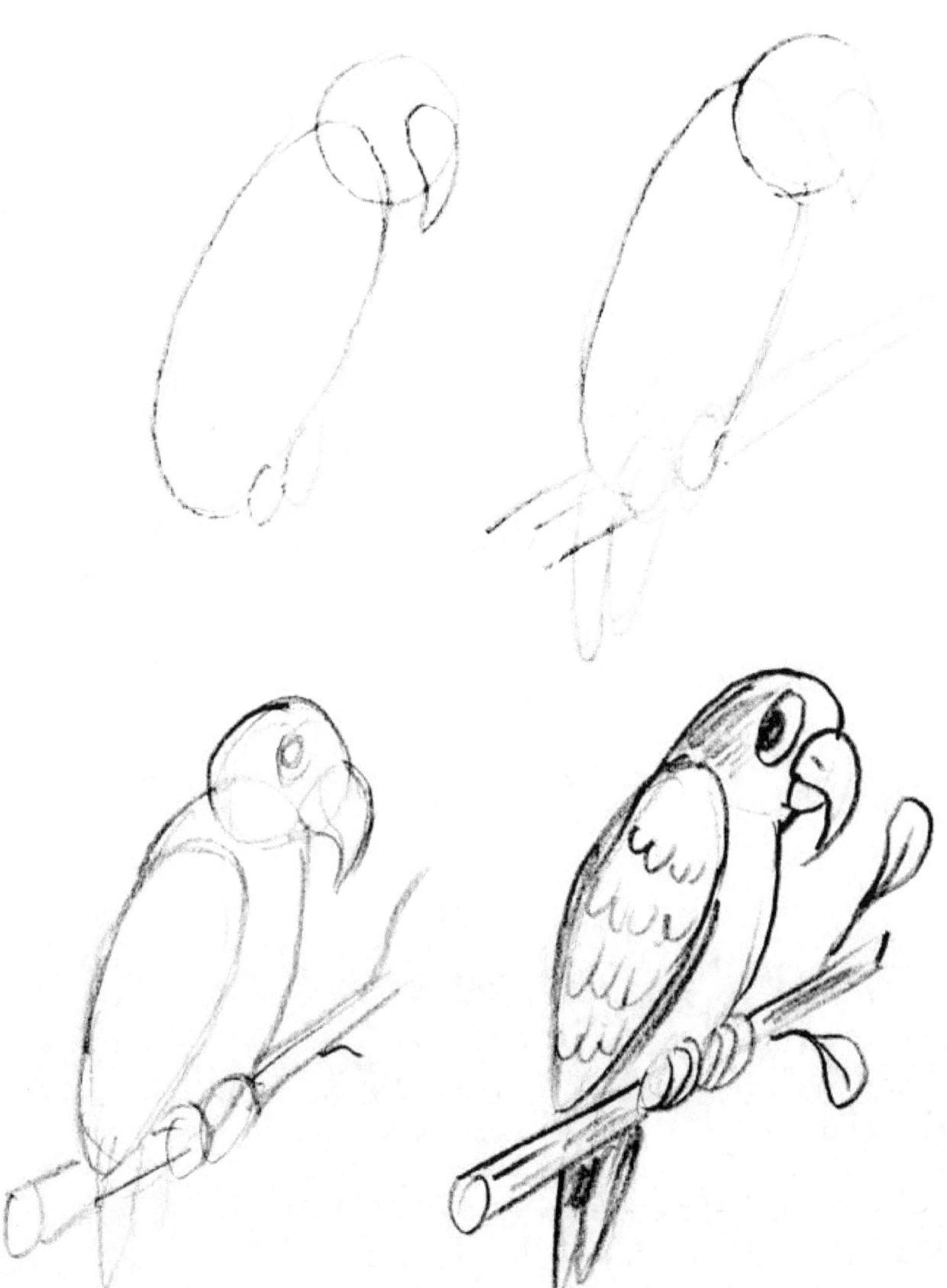

Sigue los pasos del método de dibujo según ilustrado. Refuerza las líneas que forman el pajarito. Completa los detalles y añade las sombras rayando para conseguir volumen y textura.

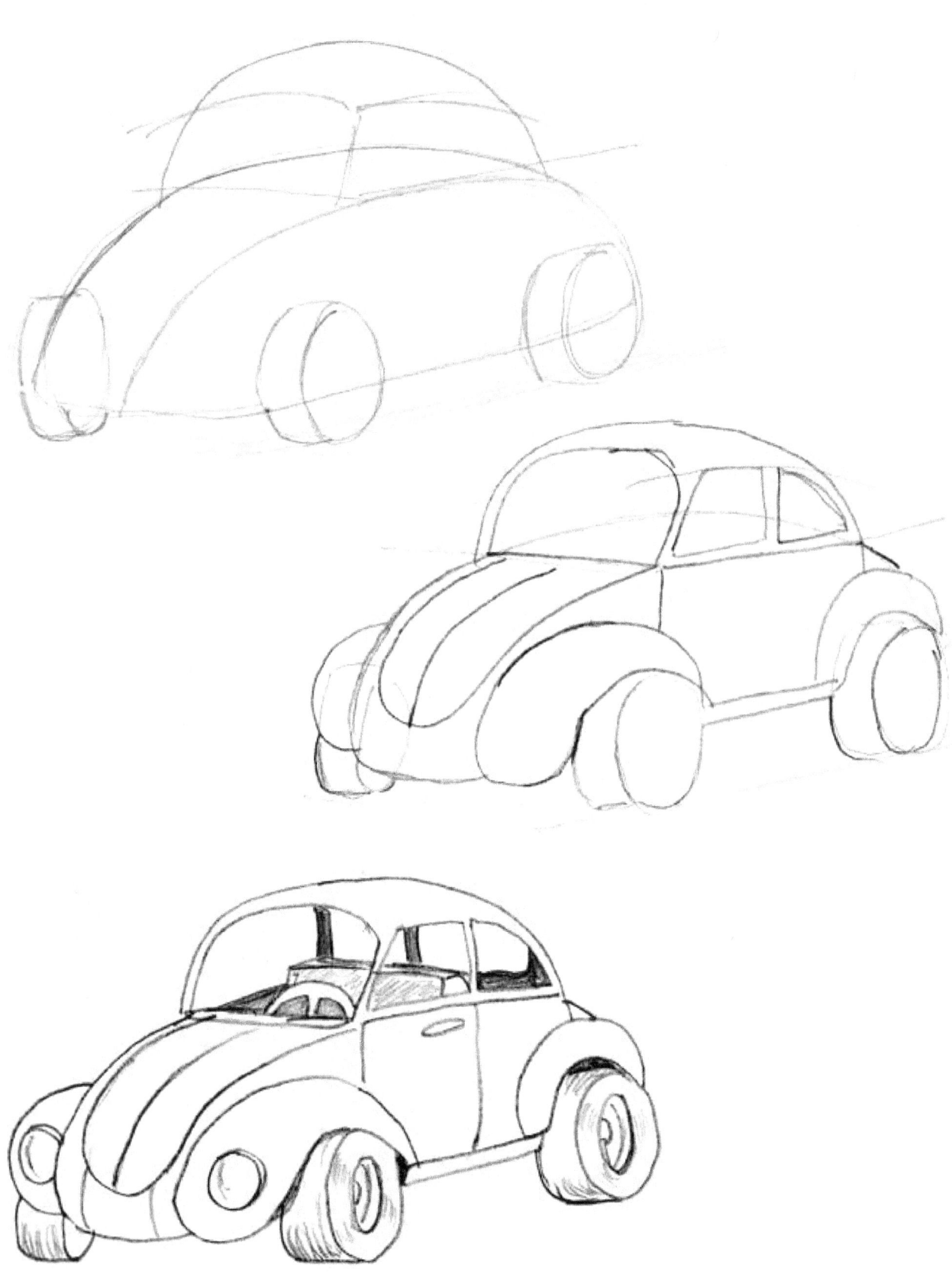

Sigue los pasos de forma progresiva del dibujo según ilustrado. Refuerza las líneas que forman el Volky. Completa los detalles y añade las sombras rayando para conseguir volumen y textura.

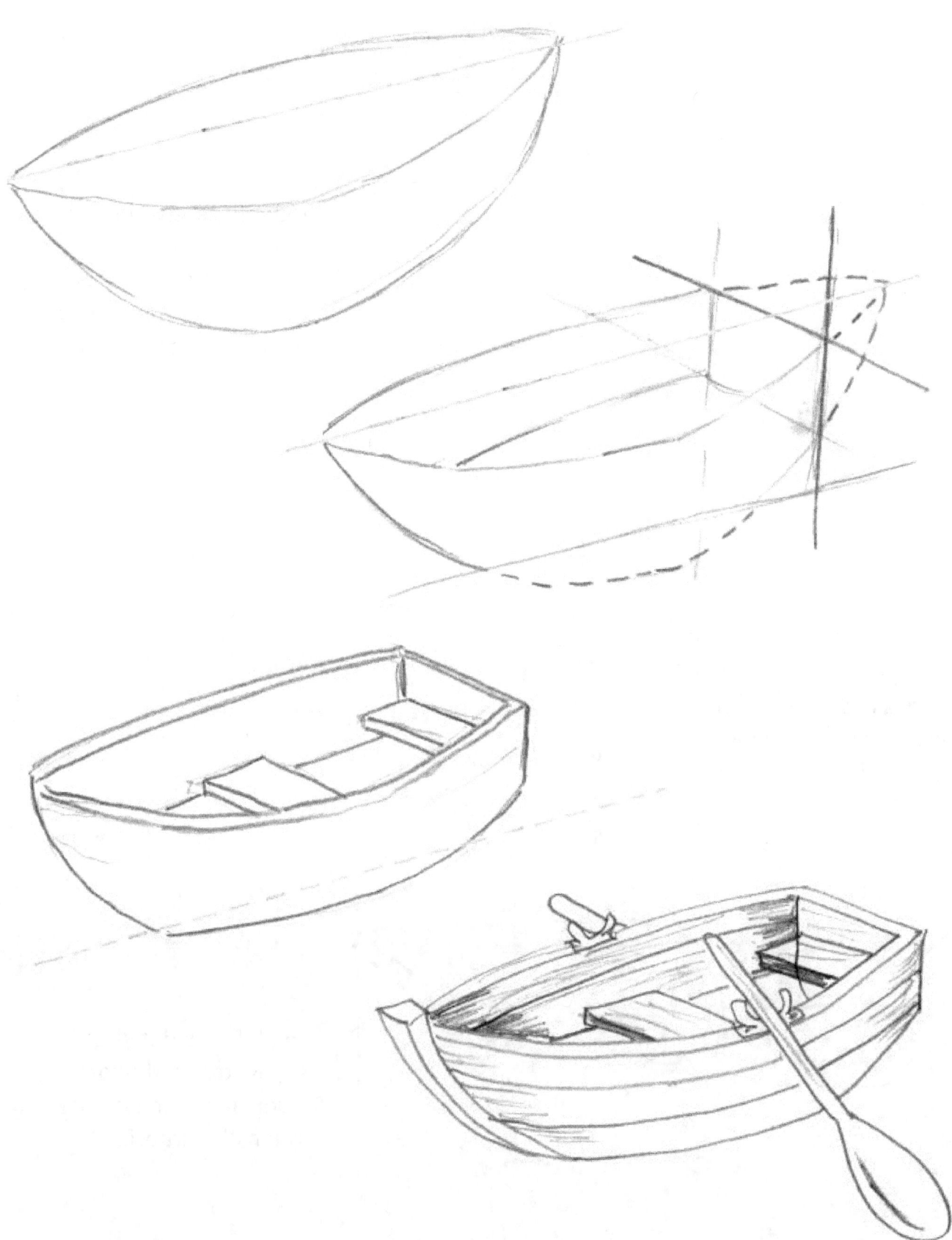

Sigue los pasos del método de dibujo según ilustrado. Refuerza las líneas que forman el bote. Completa los detalles y añade las sombras rayando para conseguir volumen y textura.

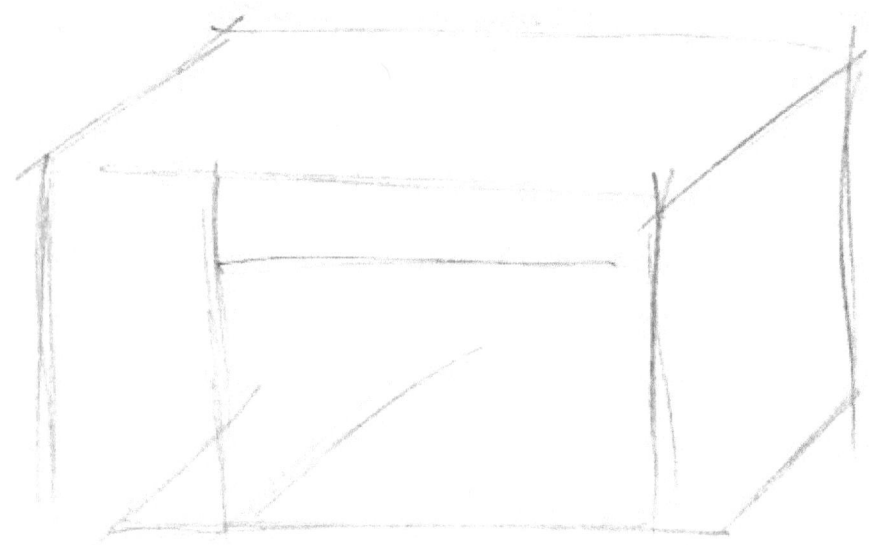

Primero dibuja una caja y demás planos geométricos. Observa que ves el frente, el lado derecho y la parte de arriba del escritorio.

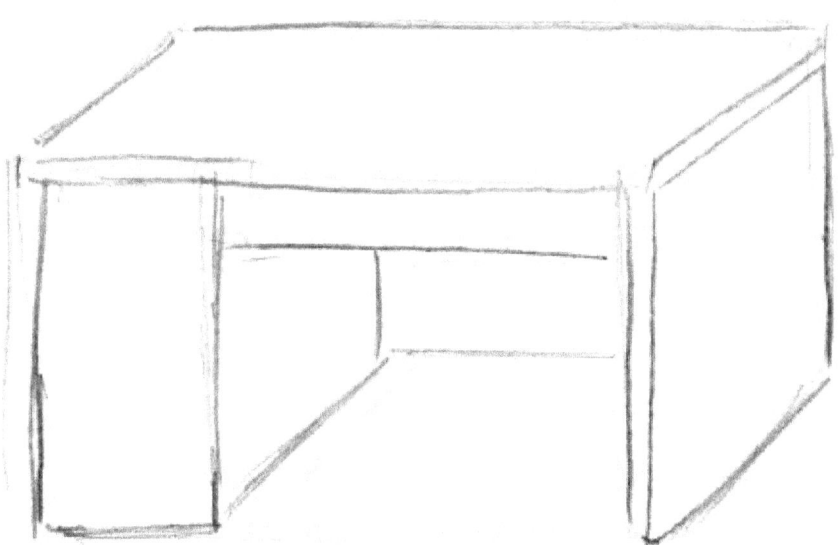

Dibuja las líneas características de la forma del escritorio. Puedes ir borrando las líneas guías.

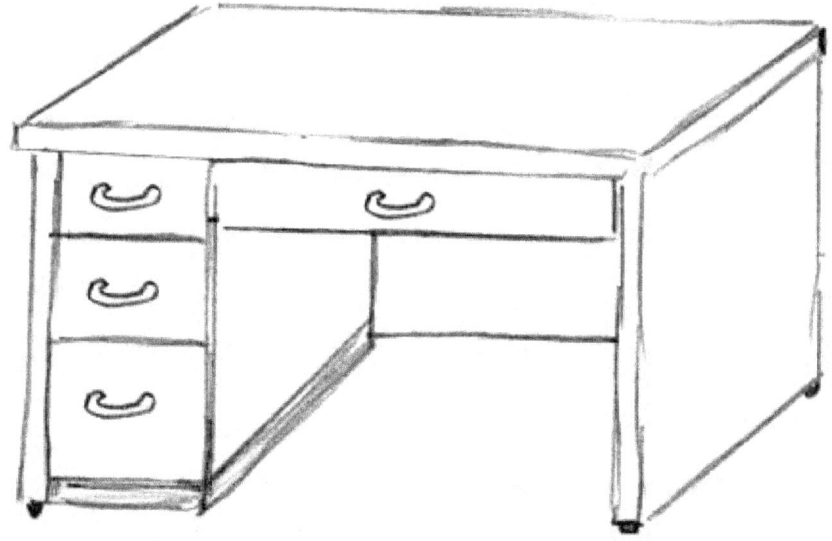

Completa los detalles de las gavetas y tiradores. Refuerza las líneas que forman el escritorio.

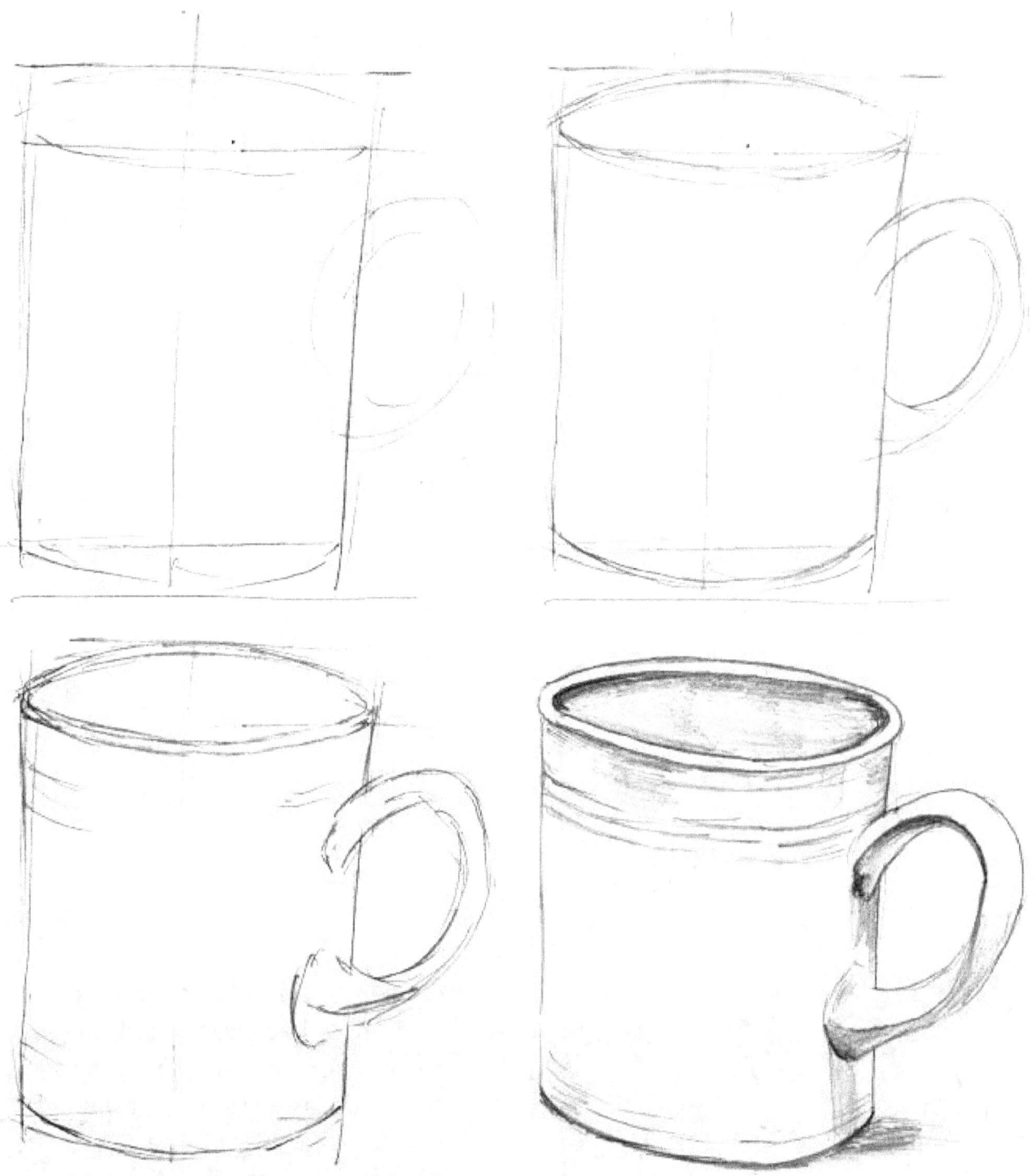

1- Comienza el esquema de un rectángulo y un óvalo en la parte superior y abajo como se ilustra. Marca con un círculo la ubicación de la oreja de la taza.
2- Retaza la línea que define y caracteriza la forma de la oreja y el borde.
3- Borra las líneas guías y añade las líneas curvas y con óvalos que caracterizan la taza.
4- Presiona más el lápiz para definir la forma y completa algunos detalles de sombreado para dar realismo al dibujo.

Rostro de una joven

Esquema con proporciones de adulto es a un medio los ojos, a un cuarto la base de la nariz y a un octavo el centro de la boca.

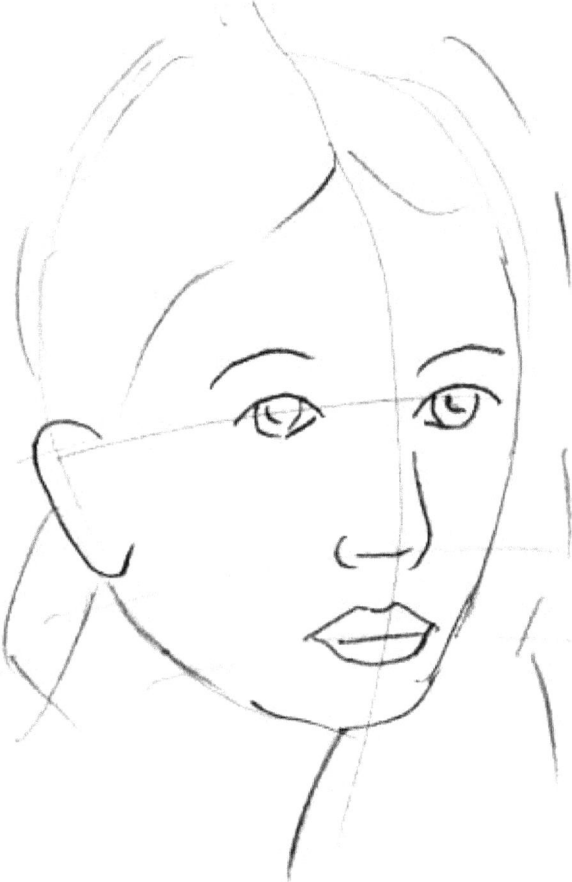

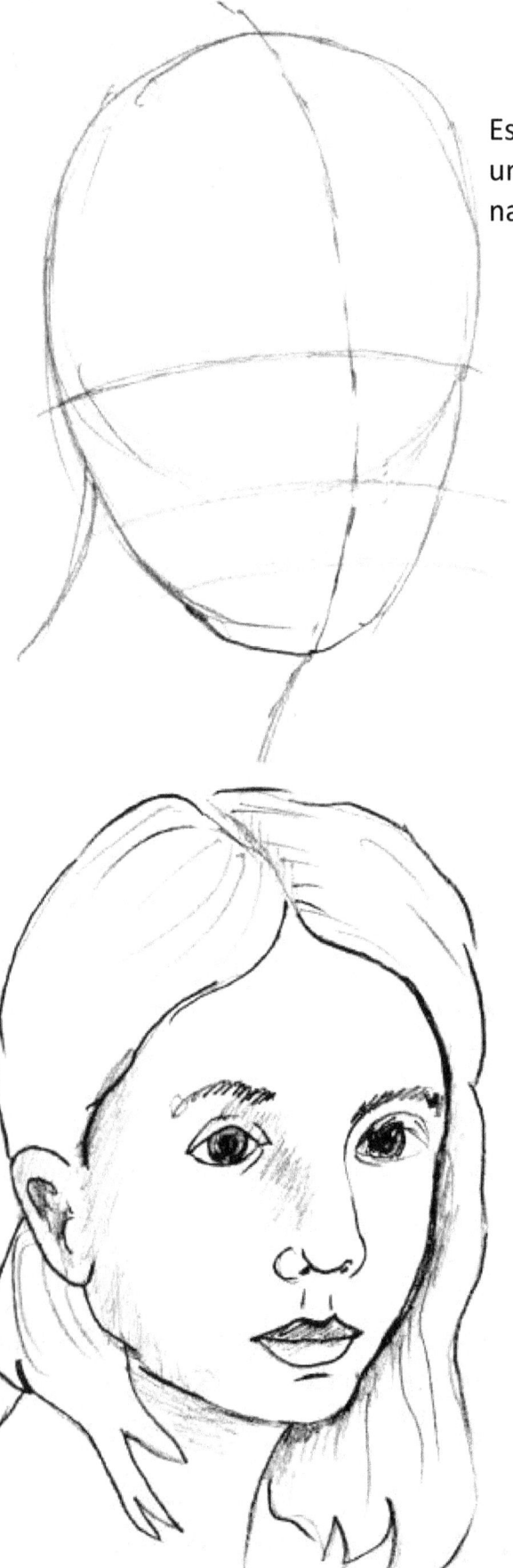

Comienza trazando suavemente un óvalo para la cabeza. Traza una línea vertical en curva para ubicar el centro de las facciones mirando hacia la derecha. Divide a la mitad horizontal y traza una línea para los ojos, luego nuevamente a la mitad para la base de la nariz y el espacio restante a la mitad para ubicar la boca. Observa el segundo dibujo y posiciona los ojos, la nariz, la oreja y la boca. Finalmente completa el pelo y demás detalles y sombreados para terminar el dibujo.

Rostro de un niño

Esquema con proporciones de niño es a un medio los ojos, a un tercio la base de la nariz y al próximo tercio el centro de la boca.

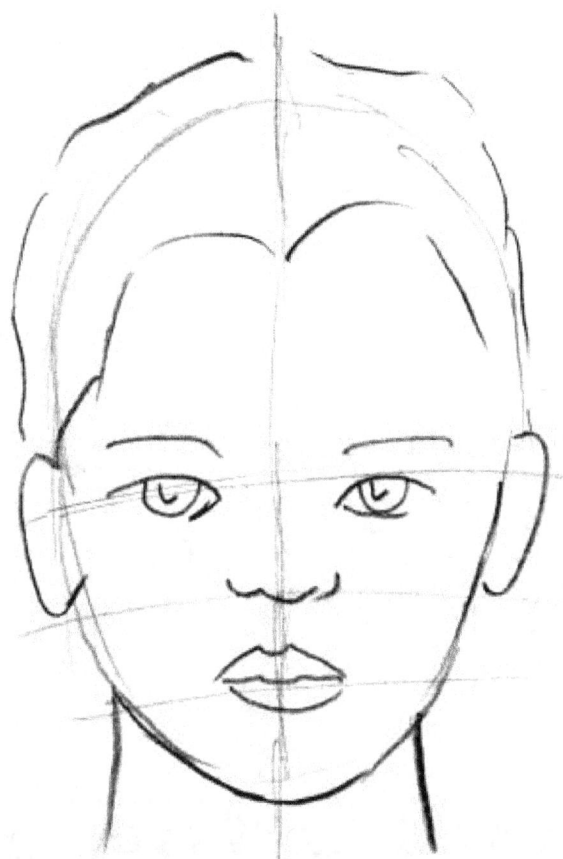
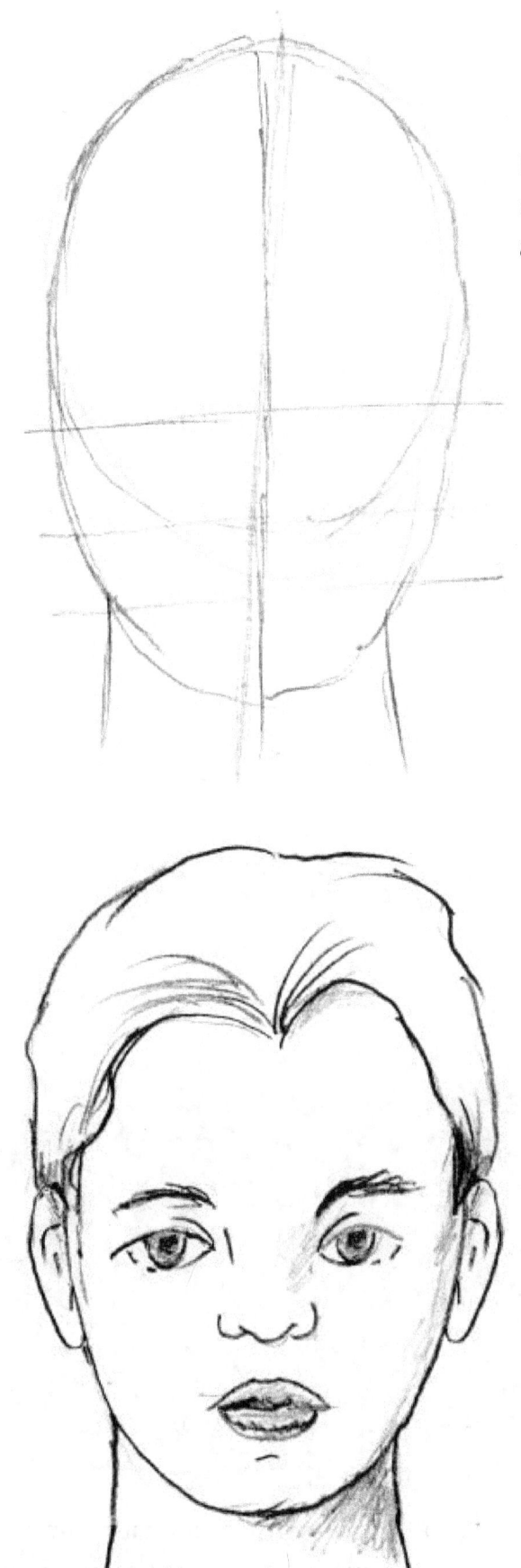

Comienza trazando suavemente un ovalo para la cabeza. Traza una línea vertical para ubicar el centro de las facciones mirando de frente. Divide a la mitad horizontal y traza una línea para los ojos, luego divide a un tercio para la base de la nariz y el espacio restante otro tercio para ubicar la boca. Observa el segundo dibujo y posiciona los ojos, la nariz, las orejas y la boca. Finalmente completa el pelo y demás detalles y sombreados para terminar el dibujo.

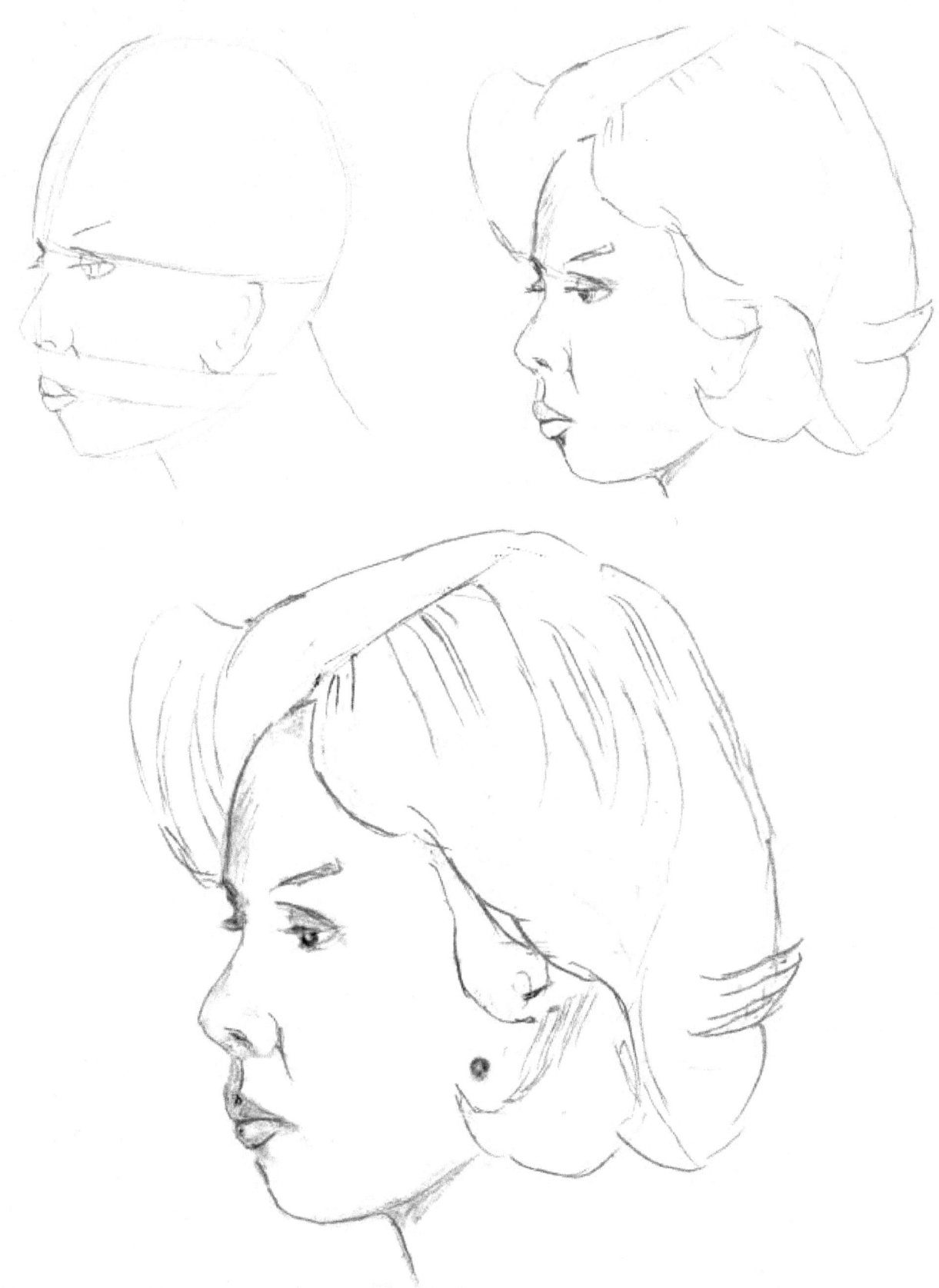

Rostro Femenino Adulto

Puedes completar este dibujo con luces y sombras usando el modelo de la página 13.

Rostro Masculino Adulto

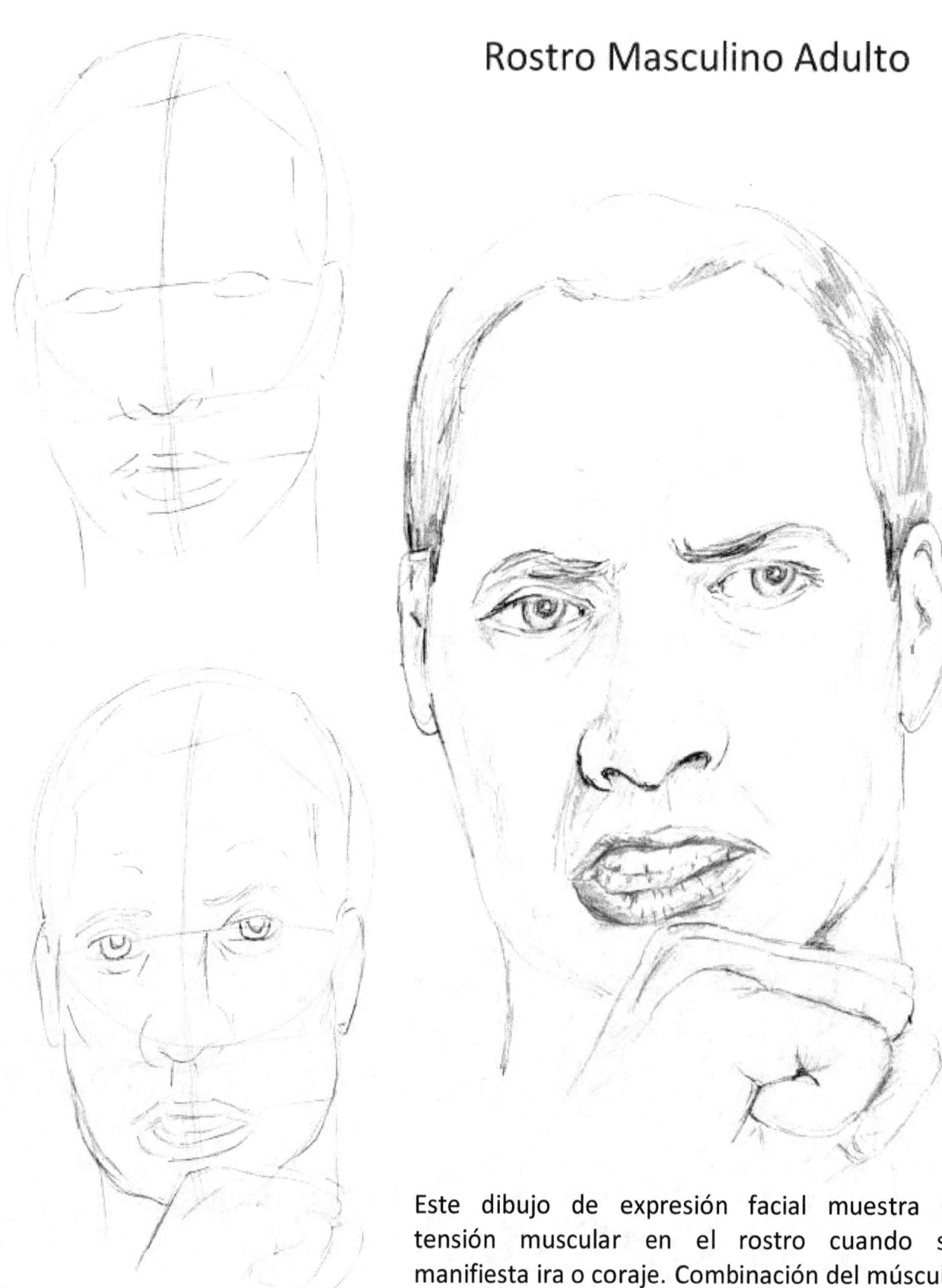

Este dibujo de expresión facial muestra la tensión muscular en el rostro cuando se manifiesta ira o coraje. Combinación del músculo frontal, orbicular de los parpados, superciliar, orbicular de los labios, cuadrado del mentón, y triangular de los labios.

Figura Femenina

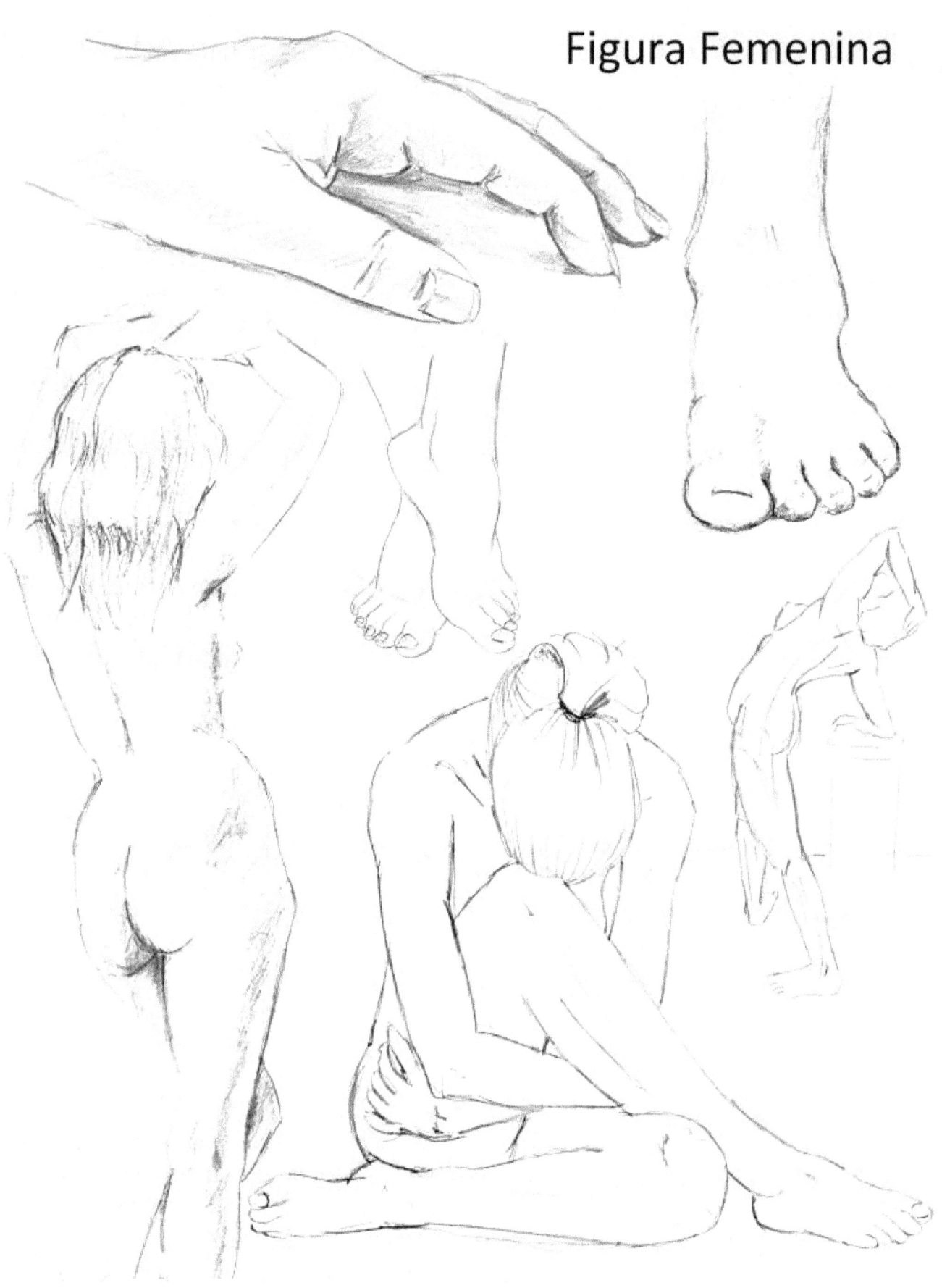

Figura Masculina

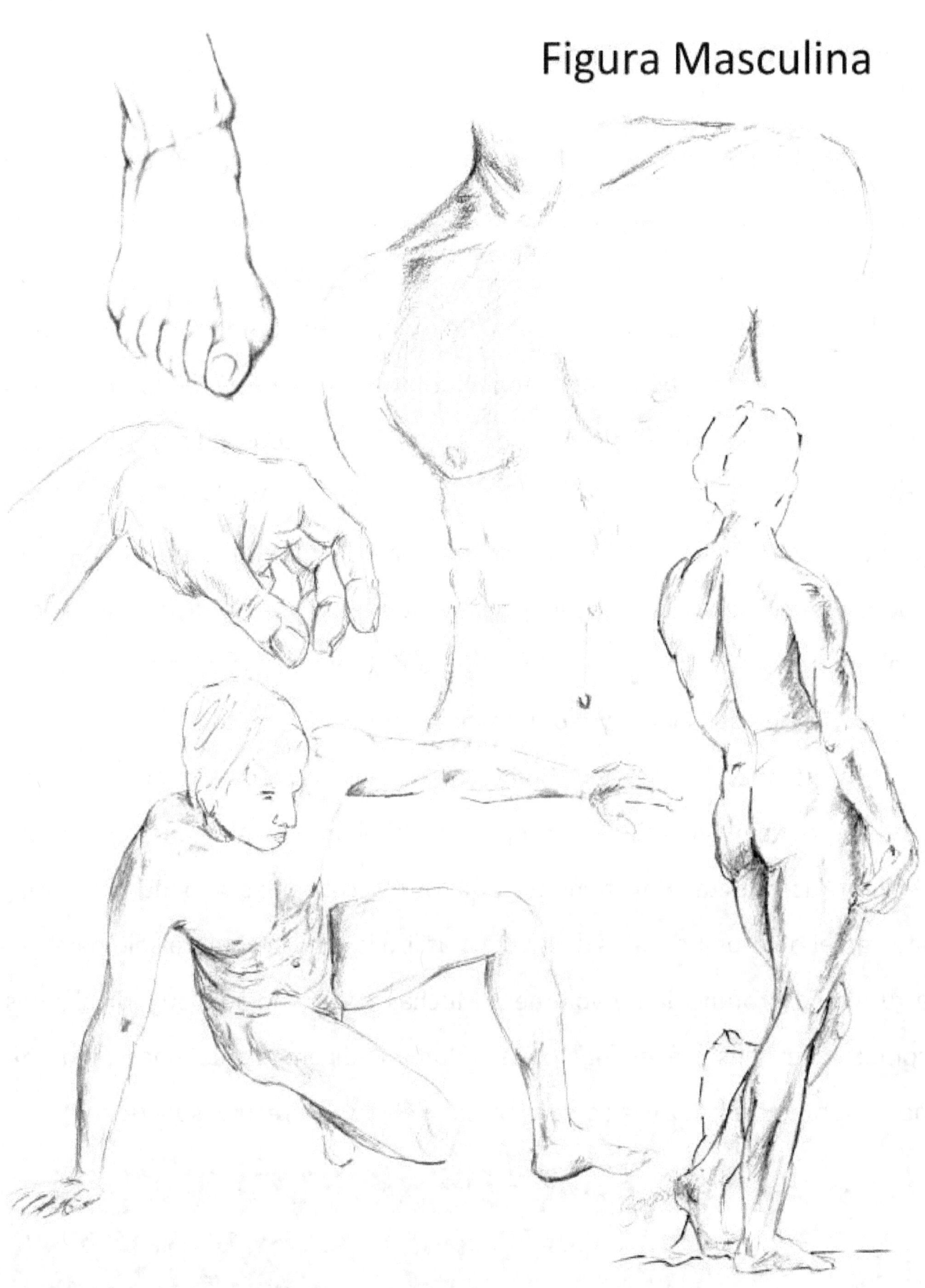

El Volumen o Sombreado

Todos los objetos reciben luces y sombras que caen sobre ellos y no de líneas que bordeen el contorno de los objetos o de los seres que vemos. Normalmente comenzamos a dibujar con el concepto de líneas, lo que resulta en una simplificación gráfica de lo que observamos. Seguirás usando las líneas para tus dibujos, pero teniendo en cuenta que el dibujo realista o clásico se compone de distintos valores tonales para conseguir el volumen. A ese efecto de iluminación lo llamamos modelado. Modelar significa dar forma y volumen a un objeto y eso mismo hace la luz y las sombras. El artista puede ver y seleccionar esas luces y sombras que le ayudarán a dar profundidad a sus dibujos. Sombrear un poco hace resaltar las formas en tu dibujo, pueden ser suaves y redondeadas o duras y cortantes.

La luz que cae sobre un objeto por lo general proviene de un mismo lado y produce sombras al lado opuesto de objeto y en sus partes que no reciben luz directa. Hay también unas luces reflejadas y penumbras que afectan el objeto que tratas de dibujar. Utiliza la luz y la sombra sólo para dar a tu dibujo profundidad y volumen. Muchas veces con solo sugerir algunas sombras se consigue el efecto de volumen, digamos que unas áreas de penumbra entre la luz y la sombra propia del modelo resulta suficiente.

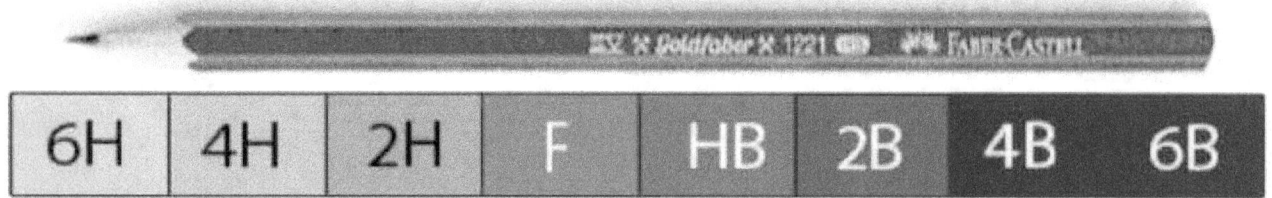

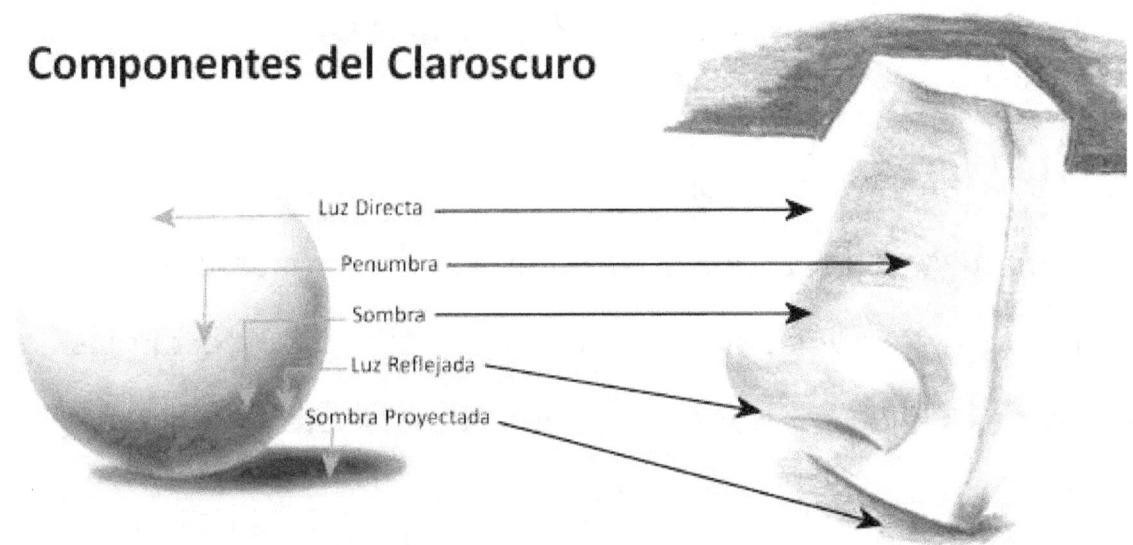

Componentes del Claroscuro

Al sombrear una forma o área del objeto es conveniente trazarla siguiendo el movimiento de dicha forma. Al finalizar las últimas líneas del contorno que rodean las formas generales del objeto usa una línea suave del lado de procedencia de la luz y una más gruesa y oscura para el lado de sombra. Las líneas deben trazarse suavemente para después irlas oscureciendo para conseguir el modelado. Ninguna línea de contorno debe ser totalmente clara u oscura.

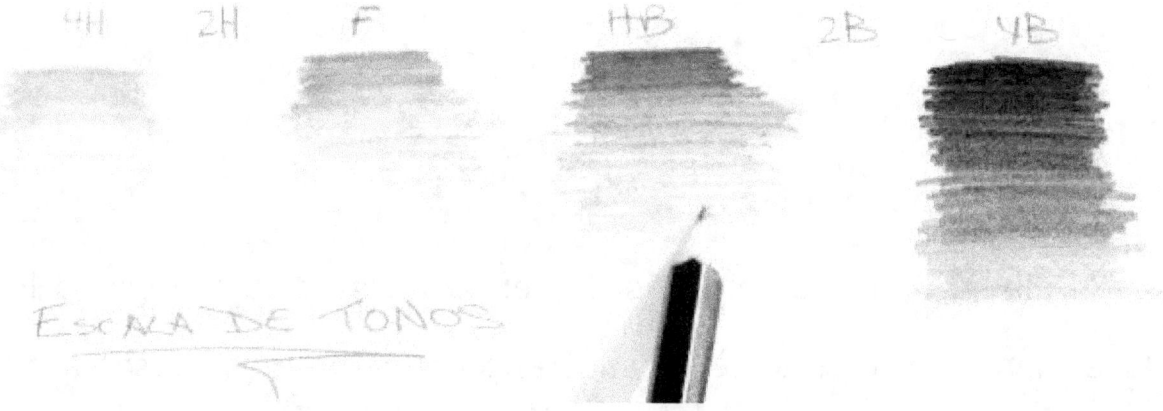

Para dibujos bien acabados necesitas contar con lápices de dibujo adecuados. Las minas de los lápices de dibujo vienen calibradas según su dureza, 4H, 2H, F son lápices más duros y producen un trazo fino y claro. Los lápices numerados HB, 2B, 4B son de minas más blandas y producen líneas más gruesas y oscuras.

Observa en los próximos dibujos el lado de procedencia de la luz y cómo se proyectan las sombras. ¿Dónde está la luz más brillante? ¿Dónde están las sombras propias de las figuras? ¿Cómo se proyectan las sombras sobre la superficie? ¿Cómo es la transición entre la sombra y la luz?

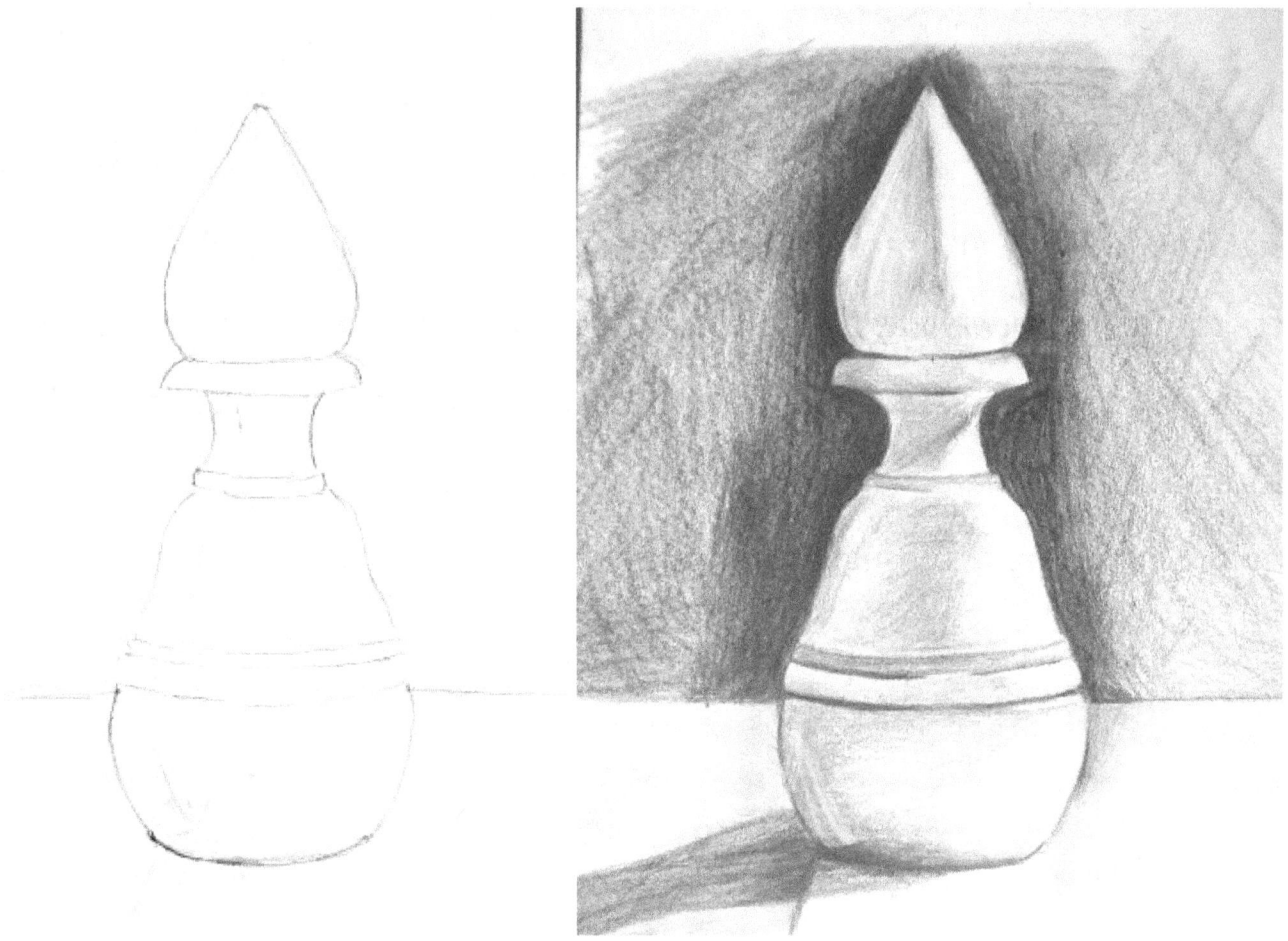

En el dibujo de la izquierda podes ver su forma dibujada con la línea pero luce plano aun con las leves sugerencias de sombras. Observa en el dibujo de la derecha como luce con mayor realismo al resaltar su volumen con el claroscuro y como las líneas del contorno desaparecen al añadir el sombreado.

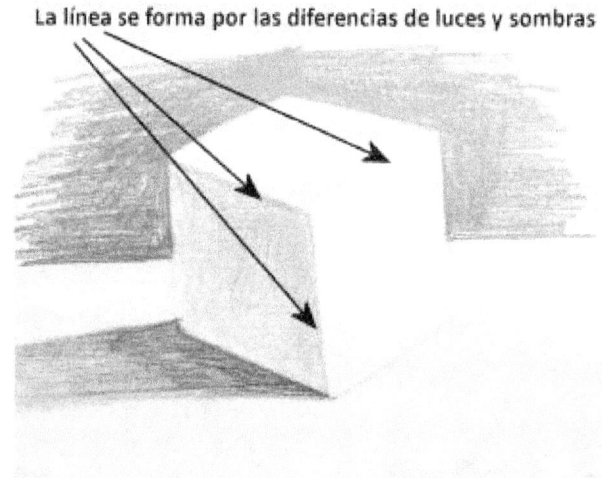
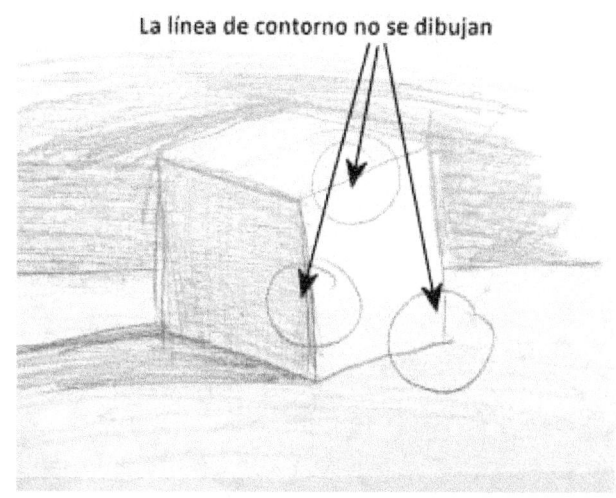

El dibujo artístico requiere de mucho cuidado al trazar las líneas de contorno, éstas no deben dibujarse muy fuertes. Es preferible que se creen de forma invisible entre los planos de luz y de sombra. Más adelante mostraremos algunos dibujos que te servirán de guía para entender mucho mejor los efectos de volumen y sombreado o el claroscuro.

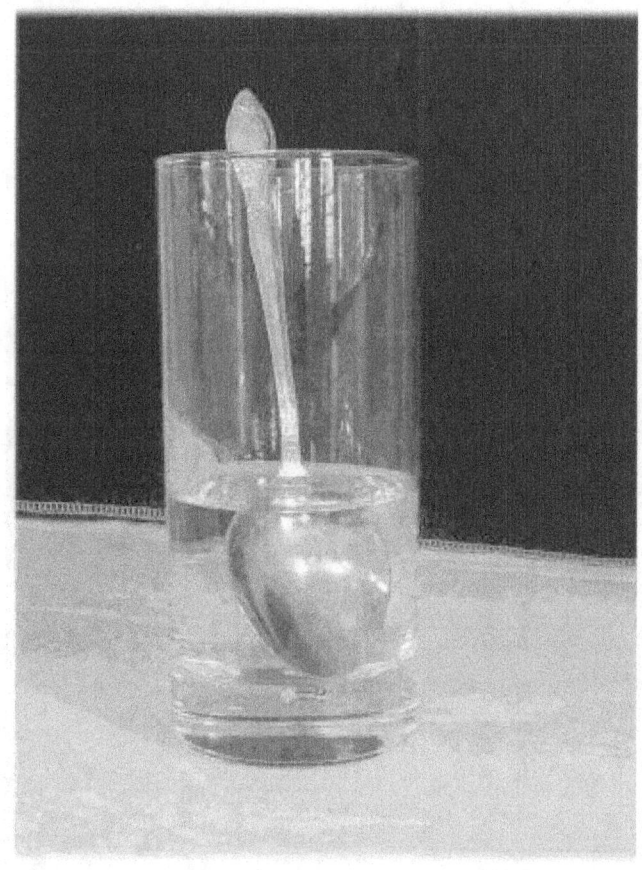
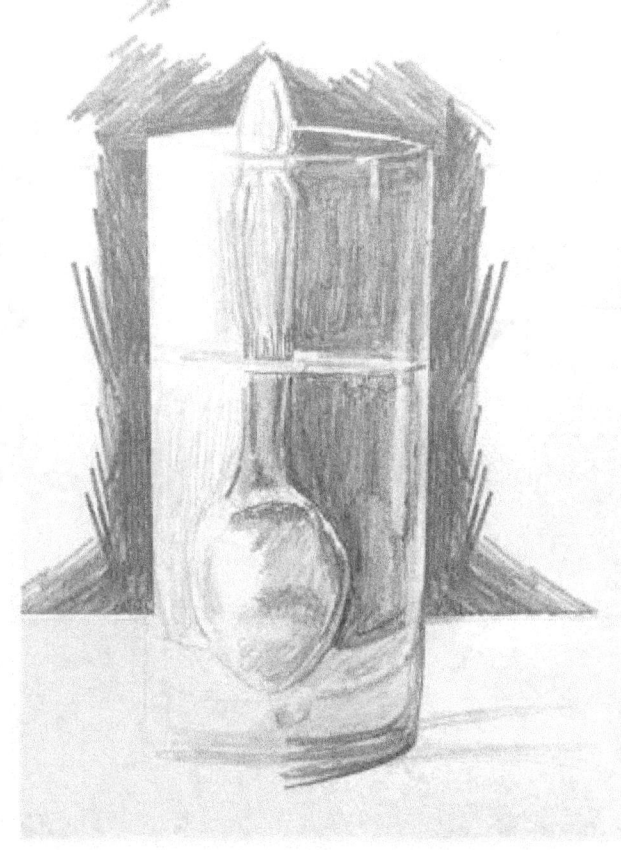

Claroscuro

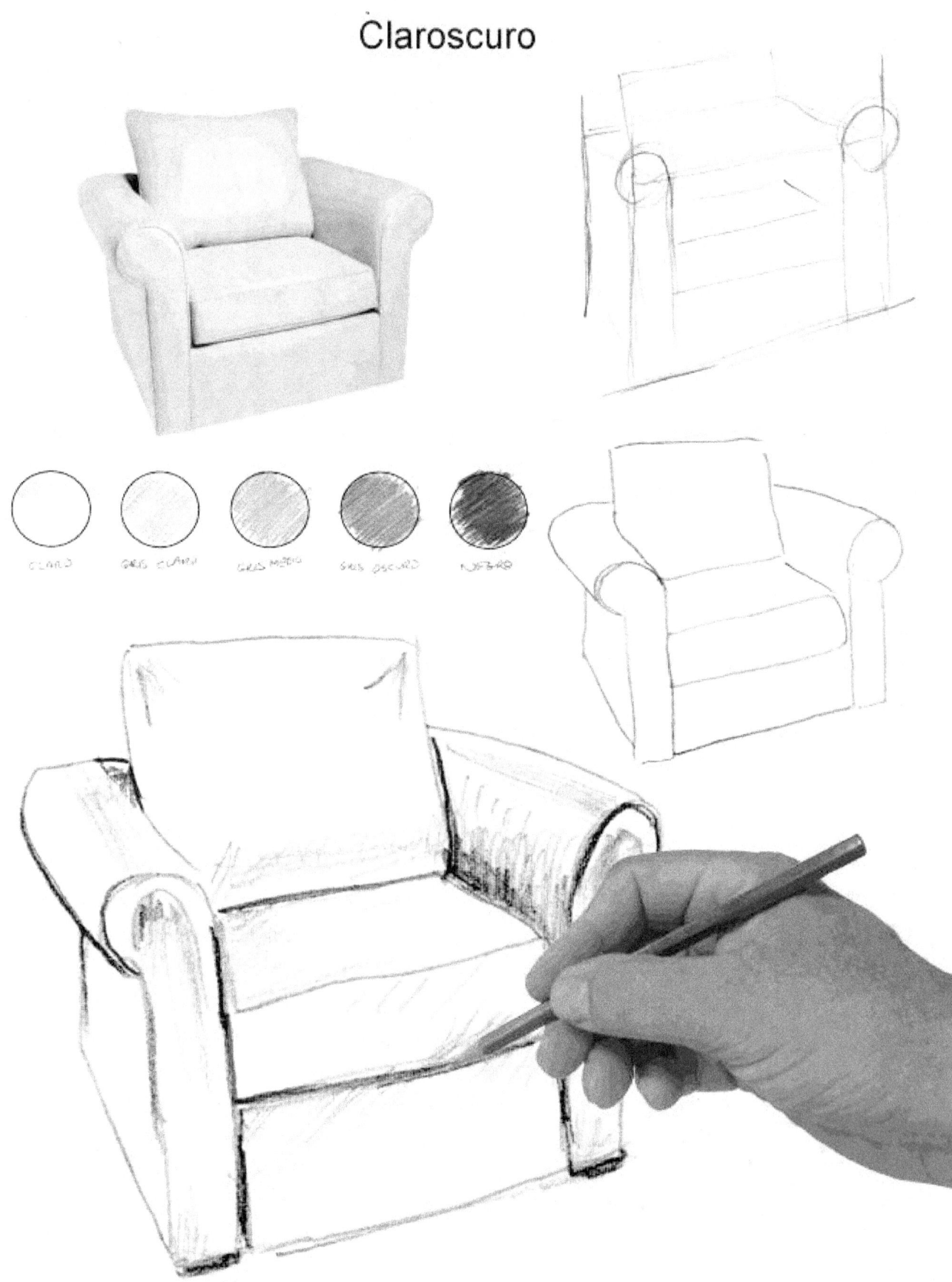

Comienza el dibujo con un lápiz F sin presionar mucho. Luego agrisa un poco con un lápiz HB un tono grisáceo claro en general. Acentúa las líneas del contorno en los puntos que están en sombra con un lápiz 2B. Finaliza entonando las sombras propias en el cuerpo del modelo y las penumbras cambiando la presión en el lápiz 2B. Para tonos más oscuros puedes usar un lápiz 4B.

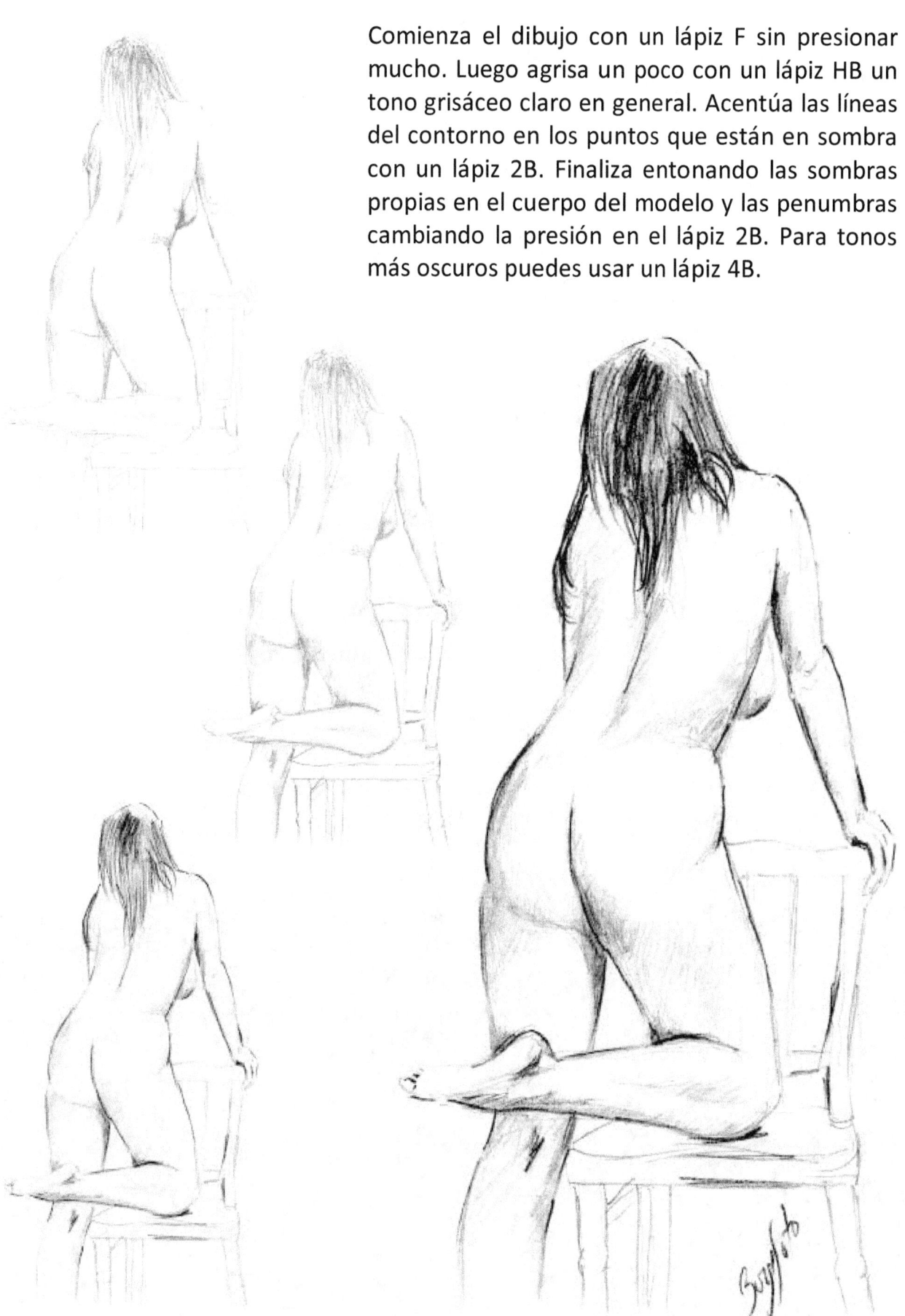

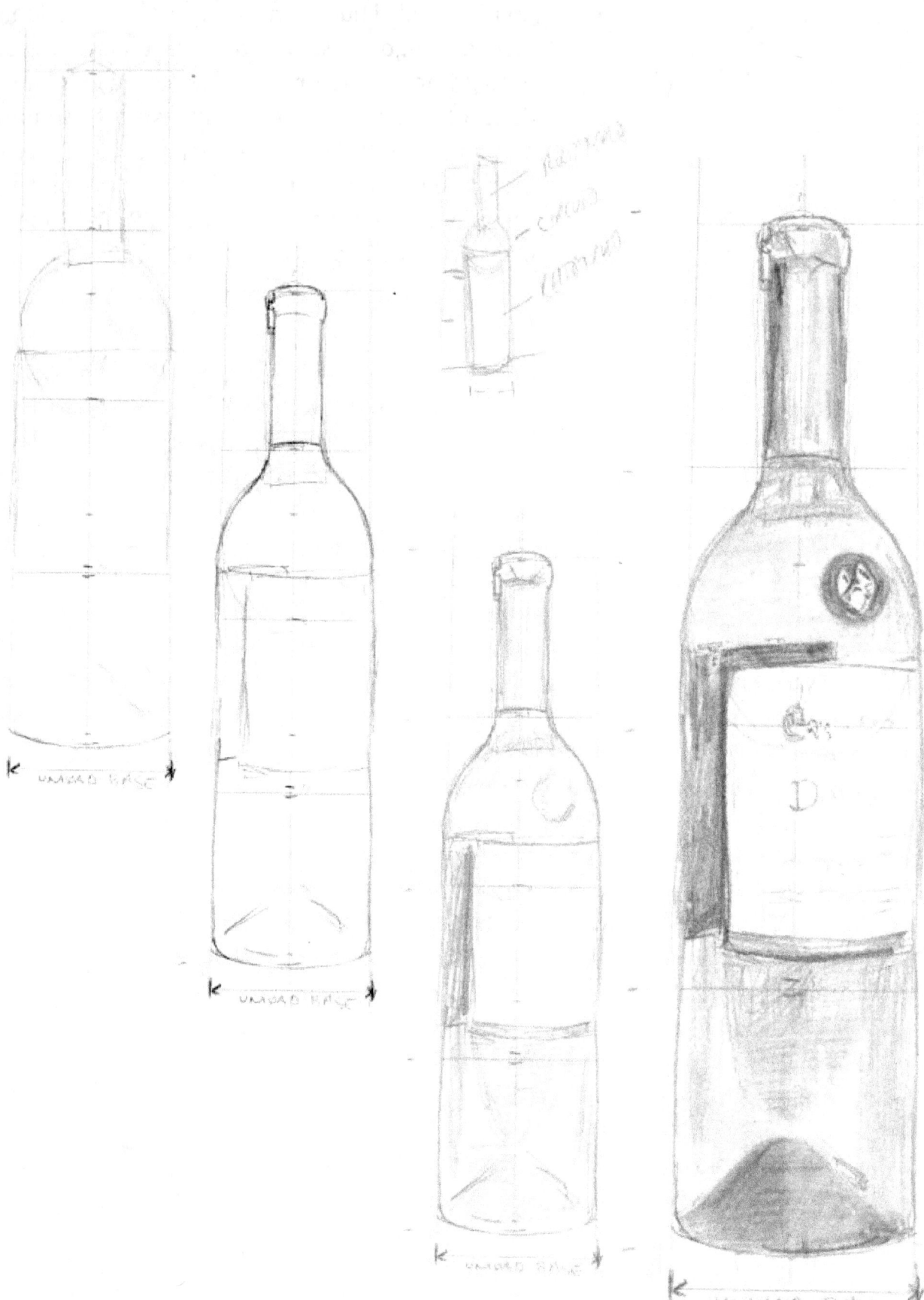

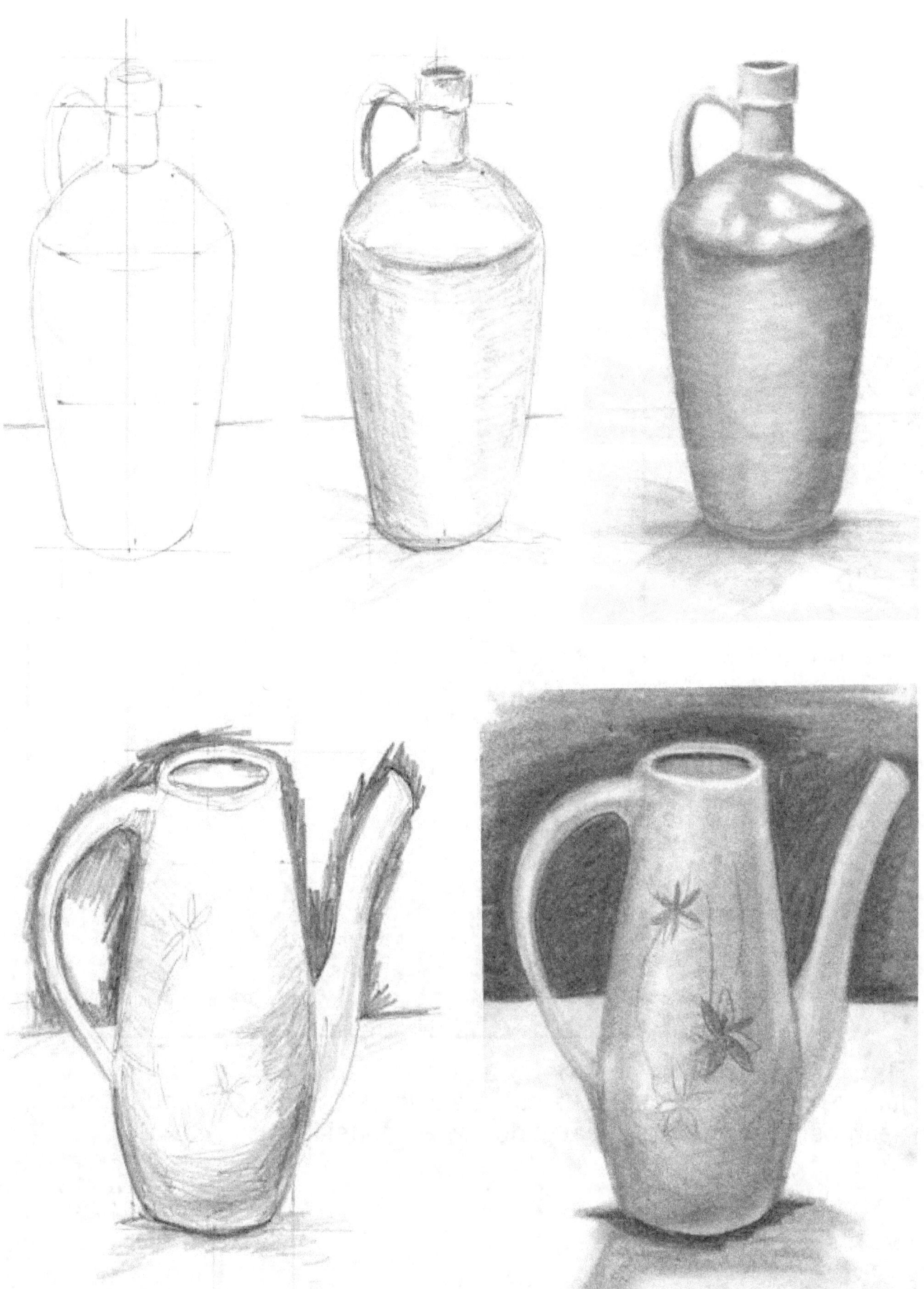

Nombre_____ Fecha_____ Curso_____

Estudio (partes del rostro)

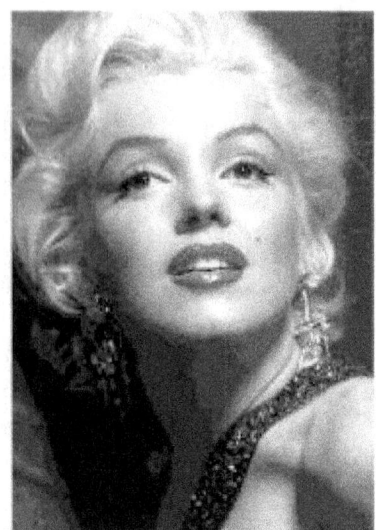

Marilyn Monroe

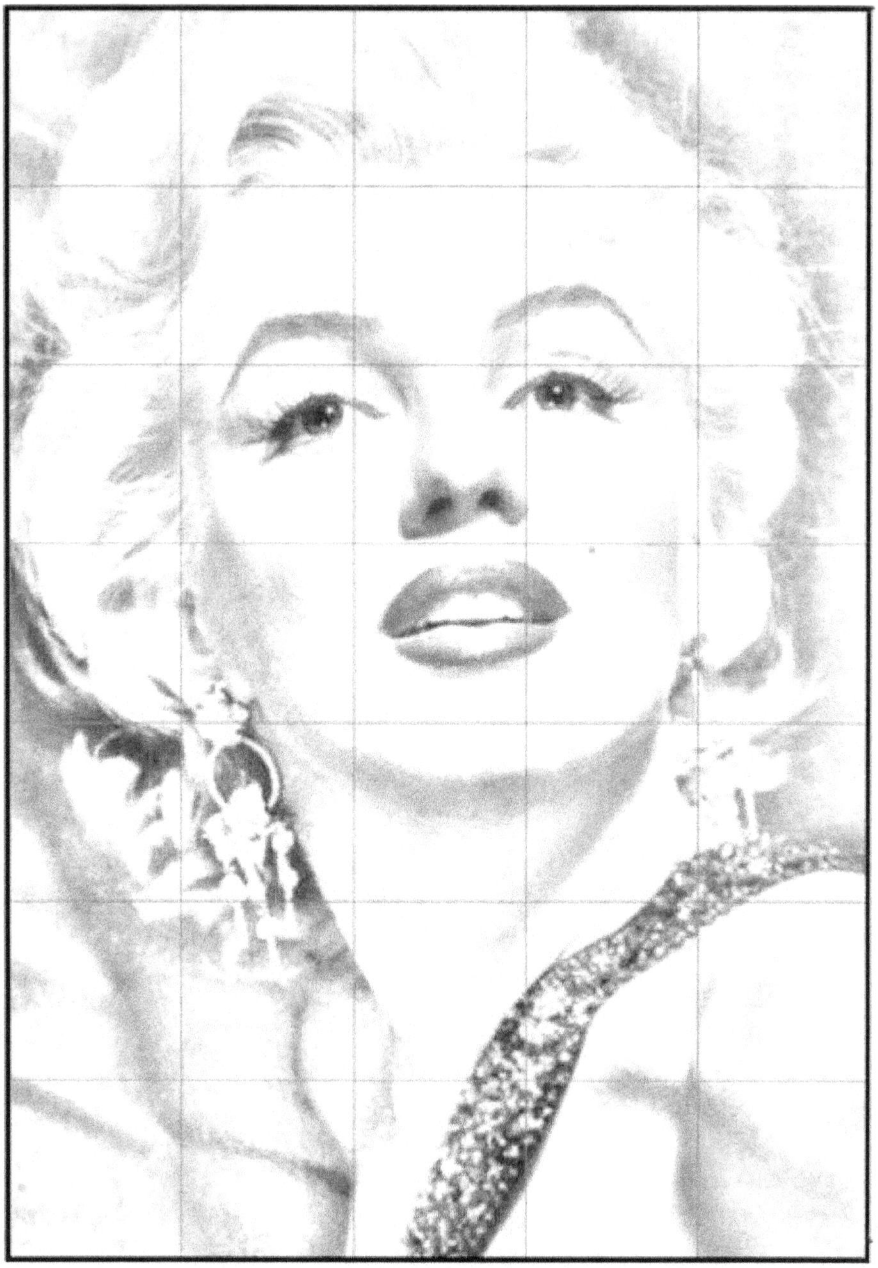

Prepara una cuadrícula en una nueva hoja de papel de cinco unidades de ancho por siete unidades de alto y utilizando el modelo cuadriculado haz el dibujo de contorno. Luego usa la fotografía de referencia para establecer las luces y las sombras. Observa bien los valores tonales y trata de que te queden iguales. Las luces las puedes levantar usando la goma de borrar. Para suavisar la textura del rayado del lápiz usa el difuminador.

Haz un estudio tanto de fisonomía y de la estructura tonal con un lápiz HB y 2B siguiendo tu escala de valores. Trata en la medida que sea posible mantener el parecido con el modelo.

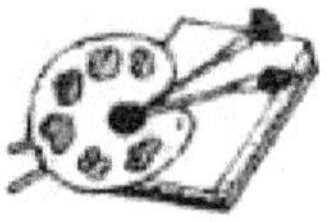

Modulo de Trabajo   Prof. R. Borges Soto

Estamos listos para dibujar

Utilizando todo lo que has aprendido, dibuja tus propios proyectos trabajando con modelos, fotografías o del natural. Has bocetos rápidos, luego estudios de luces y finalmente dibujos más completo. Mientras más información obtengas del modelo, más detalles podrás añadir a tus dibujos. Aprendiendo a ver podemos dibujar mejor. Practica con objetos, frutas, botellas, flores, animales y retratos de familiares o amigos. El enfoque de este libro ha sido entrenar tu mente y tu ojo a la observación. Recuerda que mientras más practiques, mejores resultados obtendrás y agudizarás tus facultades de percepción. Puedes repasar cada proyecto una y otra vez hasta que domines cada lección.

Compara tus más recientes dibujos con los que hiciste al comienzo de este libro. ¿Notas alguna diferencia? Puedes repetir los mismos dibujos ahora con tus nuevos conocimientos y comparar cuanto has mejorado.

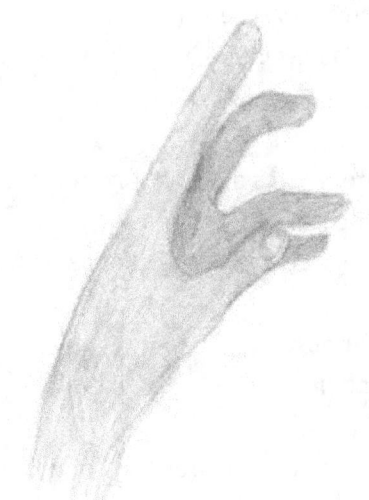

Primer ejercicio al comenzar el libro.

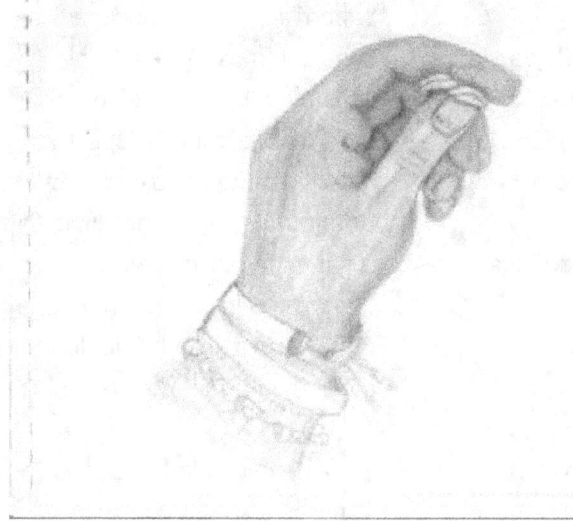

Después de completar los proyectos.

DEFINICIÓN DE TÉRMINOS Y VOCABULARIO

Aditivas	Que se suma o se añade a algo.
Apuntes	Dibujo rápido para no olvidar algún detalle observado.
Boceto	Dibujo simple y rápido de una figura o composición donde se determinan detalles de la forma, las zonas de luz y las zonas de sombra.
Caracterizar	Determinar los atributos y rasgos que distinguen al modelo
Contorno	Forma que recorta o separa al objeto del espacio.
Contraluz	Efecto de luz que se produce cuando la fuente de luz está detrás de la figura o modelo.
Contraste	Equilibrio en la representación de luces y sombras para conseguir un efecto artístico.
Definir	Dibujar con claridad los elementos de una figura.
Dibujo	Trazar o delinear en una superficie imitando la figura de un cuerpo u objeto.
Difuminar	Fundir un color con otro para conseguir una superficie suave y sedosa en la pintura.
Encaje	Encuadre o ajuste del dibujo en el papel.
Entonar	Marcar luces y sombras en la pintura.
Escorzo	Cuando parte del modelo rompe el plano frontal y sugiere profundidad.
Esquema	Líneas simples para acomodar la figura en el dibujo.
Estudio	Observación de los detalles y proporciones de la figura para representarla con mayor exactitud.
Forma	Contorno o superficie externa de un objeto.
Gradación	Efecto por el cual una zona de luz o color se oscurece o aclara gradualmente.
Interno	Hacia la línea media o axial.
Lateral	Relativo o situado a un lado.
Masas	Zonas de color, luz o sombras uniforme.
Medial	Próximo al plano o línea medios.
Neutral	Que entre dos partes que contienen no se inclina a ninguna.
Perfilar	Definir el contorno o reforzar los trazos para destacar una parte en la pintura.
Perspectiva	Recurso para conseguir las tres dimensiones en la pintura.
Plano	Superficie imaginaria que atraviesa o limita en un sentido determinado.
Plano alejado	Zona que más se aleja (*fondo*) del espectador en la pintura.
Posterior	Situado en la parte de atrás.
Primer plano	Zona más cercana al espectador.
Proporción	Relación de tamaño que existe entre las diferentes partes de la figura o composición.
Proyectar	Orientar los volúmenes de la figura hacia un punto de fuga.
Punto de fuga	Lugar en la que convergen (*se unen*) todas las líneas de proyección de una figura.
Silueta	Contorno o forma externa de una figura.
Sombra	Zona oscura del modelo donde la luz es menos intensa.
Sombra propia	Zona opuesta a la fuente de luz en la figura o modelo.
Sombra Proyectada	Zona de oscuridad que produce una figura al interrumpir la dirección de la luz sobre una superficie.
Trabajar	Elaborar con mucho más detalle y terminaciones en la pintura.
Volumen	Efecto de relieve o tridimensionalidad en la pintura.

Roland Borges Soto profesor, escritor, diseñador de multimedios y artista plástico, entre alguna de las muchas cosas en las que se desempeña. Nació en Nueva York de padres puertorriqueños en 1954. A los 9 años cursó sus primeros estudios formales de dibujo.

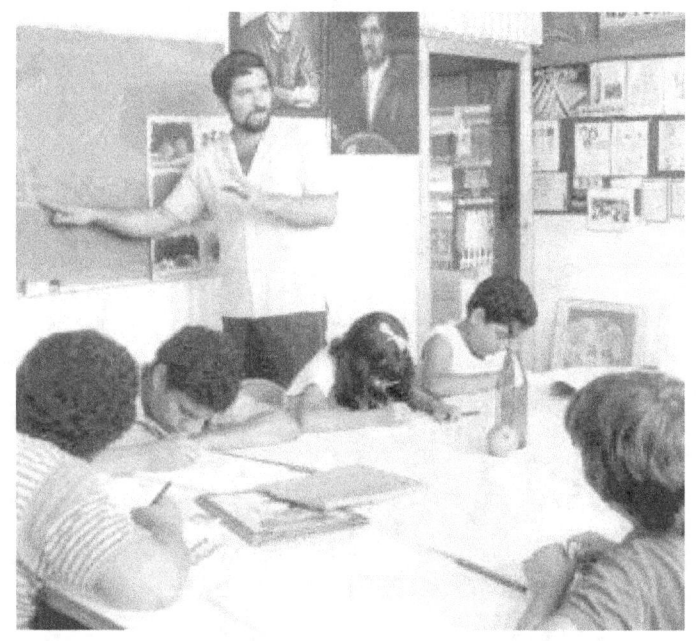

Obtuvo su Bachillerato en Artes e Historia en 1975 y más tarde una maestría en educación de artes visuales y desarrollo de currículo. Es considerado parte de la tercera generación de artistas puertorriqueños. En 1978 es nombrado miembro honorífico del American Film Institute. Fue homenajeado en una Exposición 'TORREROS' en el Museo del Faro de los Morrillos y proclamado hijo adoptivo de la Ciudad Arecibeña donde fundó en 1980 La Academia y Centro de Arte de Arecibo. En 1996 es nombrado por la Unidad de Escuelas Especializada del Departamento de Educación de Puerto Rico miembro de la Facultad de la Escuela Regional de Bellas Artes. En 2009 se une al Taller Kumbayá donde ofrece tutorías a estudiantes y artistas en formación. En 2016 recibe la medalla de oro por sus ejecutorias como artista y profesor en la celebración de 500 años de Arecibo. Tiene a su haber la producción de numerosas publicaciones digitales para Colección de Puerto Rico y ha estado trabajando activamente en el quehacer cultural como jurado, escribiendo artículos de artes para periódicos, catálogos y revistas entre las que figuran *"El Progreso", "Arte, Artistas y Galerías"* y *"Arte Latinoamericano"*. Entre algunos de sus títulos en artes plásticas más populares encontramos *"Dibuja Aprendiendo a Ver", "Aprende a dibujar el cuerpo humano", "Teoría y Práctica del Color"* y *"Aprende a dibujar Caras"* entre otros. Su propuesta más reciente "Todos Somos Pirata" es un proyecto multidisciplinario que incluye además de su obra plástica, una instalación conceptual y varios escritos entre los que figura una novela titulada *"Ultimo Pirata del Caribe"* y libros de cuentos ilustrados para niños.

Visita el portal del autor en: http://www.borgessoto.com

Si te agrado este libro recomiéndalo a tus amigos del arte.
Disponible en Amazon.com

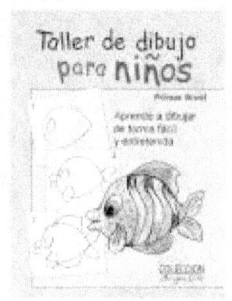
Volumen 1

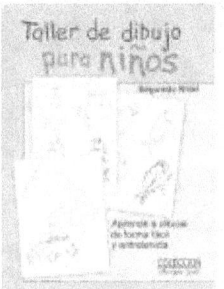
Volumen 2

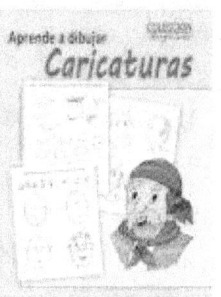
Volumen 3

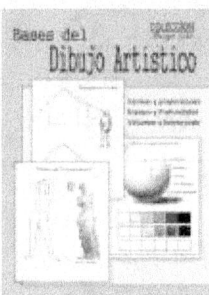
Volumen 4

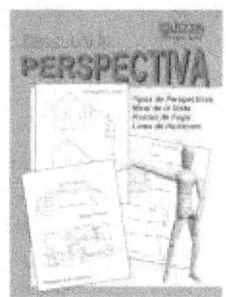
Volumen 5

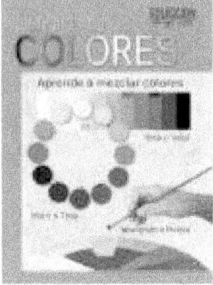
Volumen 6

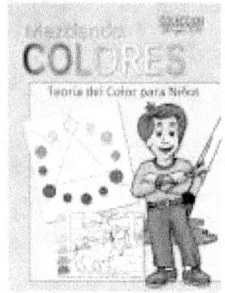
Volumen 7

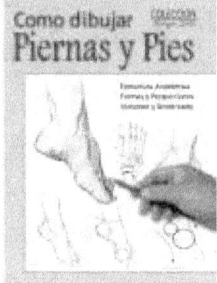
Volumen 8

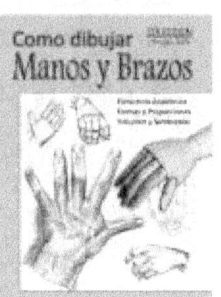
Volumen 9

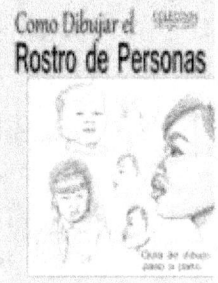
Volumen 10

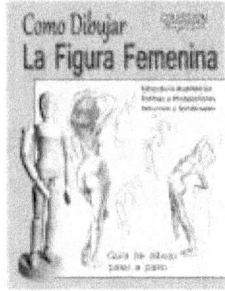
Volumen 11

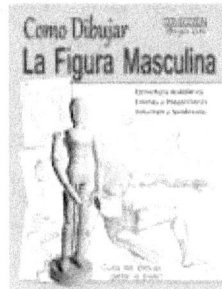
Volumen 12

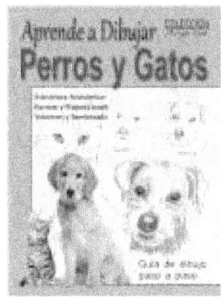
Volumen 13

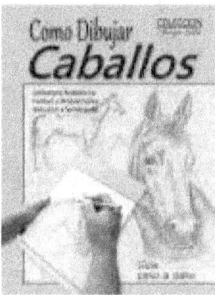
Volumen 14

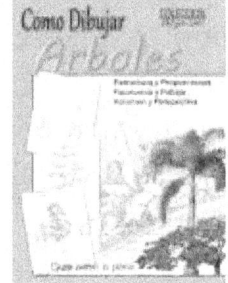
Volumen 15

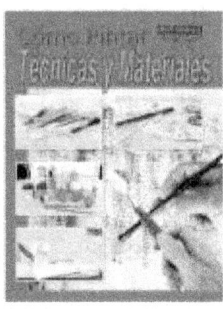
Volumen 16

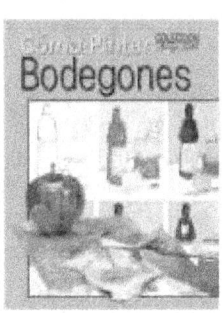
Volumen 17

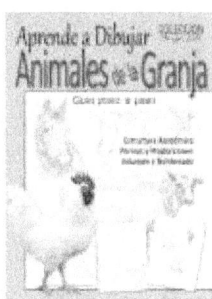
Volumen 18

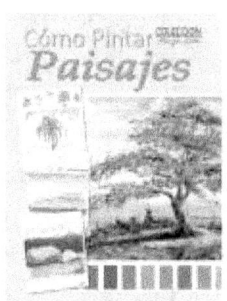
Volumen 19

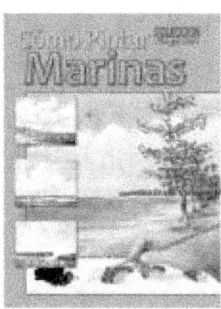
Volumen 20

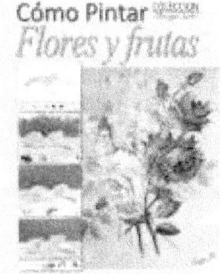
Volumen 21

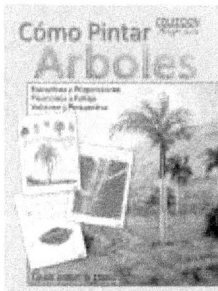
Volumen 22

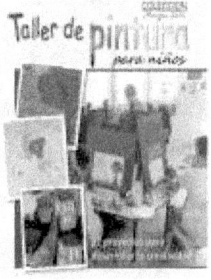
Volumen 23

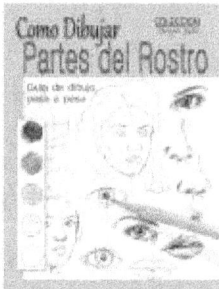
Volumen 24

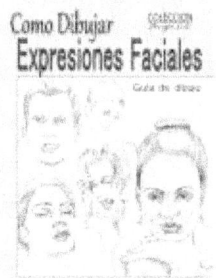
Volumen 25

www.ingramcontent.com/pod-product-compliance
Lightning Source LLC
Chambersburg PA
CBHW062223220526

45471CB00009B/3325

9781987738469